SÉRGIO LE

À SOMBRA DE MONTESQUIEU:

Reflexões sobre a separação de poderes

SÉRGIO LEAL
Procurador Federal – Advocacia-Geral da União
Professor de Direito Constitucional e Teoria da Constituição e
Direito Constitucional da Faculdade de Direito de Vitória – FDV
Mestre em Instituições Jurídico-políticas pela
Universidade Federal de Santa Catarina – UFSC
Especialista em Direito Tributário

À SOMBRA DE MONTESQUIEU:

Reflexões sobre a separação de poderes

Del Rey
editora

Belo Horizonte
2019

Impresso no Brasil | Printed in Brazil
EDITORA DEL REY LTDA.

www.editoradelrey.com.br

Editor: Arnaldo Oliveira

Editor Adjunto: Ricardo A. Malheiros Fiuza
In memoriam

Diagramação / Capa: Alfstudio

Revisão: Alessandra Valadares

EDITORA
Rua dos Goitacazes, 71 – Lojas 20 a 24
Centro - Belo Horizonte-MG
CEP 30190-909
Comercial:
Tel.: (31) 3284-3284 | 25163340
vendas@editoradelrey.com.br
Editorial:
editorial@editoradelrey.com.br

L435s Leal, Sérgio
À sombra de Montesquieu: reflexões sobre a separação de poderes / Sérgio Leal. — Belo Horizonte: Del Rey, 2019.

xx, 156 p. — Inclui bibliografia.

ISBN: 978-85-384-0560-3

1. Direito constitucional 2. Separação de poderes – Brasil 3. Estado – Organização I. Título

CDU (1976) 342.5

Ficha catalográfica elaborada pelo bibliotecário Junio Martins Lourenço CRB 6/3167.

PREFÁCIO

Com enorme felicidade recebi a honrosa missão de prefaciar o livro do Professor Sergio Leal sobre a separação dos poderes. De fato, o tema é extremamente relevante e central no ordenamento jurídico.

O autor começa a obra discutindo o significado amplo de poder até chegar à noção de poder político.

Transitando desde a idade antiga até as experiências francesa, inglesa e americana, deixa claro o autor, não existir um conceito universal e adequado de separação de poderes que possa servir de parâmetro para qualquer nação.

Aliás, não se pode olvidar o caráter pragmático da separação de poderes. Como Sergio Leal afirma:

> Apesar de raramente pensarmos nisso, é necessário lembrar que os modelos de separação de poderes de Locke, Montesquieu e dos Federalistas foram concebidos com objetivos pragmáticos – apresentar soluções para problemas próprios das sociedades em que viviam.

Há tópicos específicos analisando o desenho da separação dos poderes nas realidades francesa, inglesa e americana, para então chegar ao Brasil.

Procura demonstrar o autor, no capítulo relativo aos ciclos de protagonismo dos órgãos de poder, que houve ao longo da história mundial e brasileira o protagonismo de uma das funções – inicialmente a legislativa, passando para a executiva e, finalmente, no neoconstitucionalismo, para a judiciária.

De modo inédito o autor propõe que todos os poderes – funções – são supremos, mas precisam atuar por cooperação. Lembro de uma palestra a que assisti, quando ainda estudante de Direito, em que Martins Catharino disse, a propósito da afirmação de harmonia e independência entre os poderes, que quem for casado, ou tenha namorada(o), sabe que independência e harmonia não coexistem.

A grande dificuldade é como se materializa no mundo da vida o princípio da separação dos poderes.

O autor dedica um capítulo a estudar as principais decisões do STF sobre separação de poderes, apontando decisões que impedem, por exemplo, uma CPI de analisar a justiça ou não de uma decisão do Poder Judiciário, até os limites do controle judicial da discricionariedade administrativa.

De fato, o livro é completo.

A imprecisão do termo separação dos poderes sempre permitiu a plasticidade necessária para adequação aos interesses do momento. A luta do autor, no intuito de tentar definir seus limites, é concluída com uma nova forma de pensar a separação, que ele denomina de separação de poderes na democracia. Nas palavras de Sergio Leal:

> Essa nova forma de compreender a separação de poderes leva em conta a necessidade de observância do fator democrático, e não apenas institucional. Tal abordagem do fenômeno deixa evidente que a atuação dos órgãos estatais supremos deve ser vista como meramente instrumental, de forma que jamais poderá se afastar ou mesmo se divorciar da vontade popular.

A leitura do trabalho é agradável e profunda, gerando a convicção de que a Obra se destina ao sucesso. Parabenizo o autor, desejando novos escritos. Saudações bicolores e rubro-negra.

Américo Bedê Freire Junior
Professor da Faculdade de Direito de Vitória (FDV/ES).
Doutor em Direitos Fundamentais (FDV/ES).
Mestre em Direitos Fundamentais (FDV/ES).
Juiz Federal Titular da 2ª Vara Criminal em Vitória/ES.
Professor coordenador do Grupo de Pesquisa "Hermenêutica jurídica e jurisdição constitucional" da FDV/ES.
Ex-Promotor de Justiça.
Ex Procurador da Fazenda Nacional.

SUMÁRIO

3

4

5

6

7

INTRODUÇÃO

Apesar de sua inquestionável importância para o direito constitucional contemporâneo, o princípio da separação de poderes é fruto de uma construção doutrinária cujo significado não é unívoco, pois, como nos ensina o professor Nuno Piçarra[1], a locução tem sido empregada para designar: a separação orgânica e funcional entre os poderes Legislativo, Executivo e Judiciário; a independência dos órgãos supremos estatais, especialmente, a impossibilidade de interferência no exercício das chamadas funções precípuas; a limitação ou o controle dos atos praticados por um órgão estatal, mediante a conferência de poderes a outros órgãos para anular atos que violem o ordenamento jurídico; o exercício simultâneo e conflitante de uma mesma função estatal por dois órgãos distintos; e a incompatibilidade do exercício simultâneo de cargos em diferentes órgãos.

---

1 PIÇARRA, Nuno. *A separação de poderes como doutrina e princípio constitucional: um contributo para o estudo de suas origens e evolução.* Coimbra: Coimbra Editora, 1989, p.12.

É preciso ainda considerar que o conteúdo das teorias que tratam da separação de poderes tem variado no tempo e no espaço, de modo que não é mais possível crer que o conceito de distribuição das funções estatais dentre órgãos independentes, elaborado a partir do final do século XVII, ainda possa ser aplicado às sociedades contemporâneas, sem que sejam feitas as adaptações necessárias.

A nova abordagem da distribuição das funções estatais dentre diversos órgãos independentes deve levar em conta que a atuação dos Estados não mais se resume a legislar, executar e julgar. Decerto, os Estados contemporâneos são dotados de um colossal número de atribuições que sequer poderiam ser imaginadas por indivíduos que viviam em sociedades agrárias, relativamente isoladas e cuja breve existência era marcada pela fome, sujeira e escuridão.

Com efeito, ao refletirmos de forma pouco mais detida sobre o enorme rol de atribuições dos Estados contemporâneos logo percebemos que muitas delas já não podem se enquadrar em qualquer das três funções mencionadas pelo constitucionalismo clássico.

Este livro nasceu da constatação de que nós, operadores jurídicos, lidamos com a ideia de distribuição de funções estatais dentre órgãos autônomos de forma espantosamente superficial. Esse fenômeno tem sido em grande parte motivado pelas equivocadas crenças de que o conceito de separação de poderes é autoexplicativo, seu conteúdo é perfeitamente delimitado e que a "*teoria*" proposta por Montesquieu foi a primeira e última palavra sobre o tema – *o alfa e o ômega*.

Toda essa obscuridade que ainda circunda o conceito faz com que a ideia da tripartição de poderes se revista de uma aura quase sagrada, o que faz com que eventuais críticas possam ser vistas como blasfêmias.

Como resultado, as escassas críticas dirigidas contra a ideia de separação de poderes são, em geral, marcadas pela superficialidade e pela benevolência.

A falta de uma abordagem mais detida sobre a chamada "*teoria* de separação de poderes de Montesquieu" pela doutrina nacional logo me levou a um percuciente exame da fonte – O Espírito das Leis –, onde descobri, para minha surpresa, que *o Barão de la Brède não concebera uma teoria estruturada e nem mesmo fizera qualquer alusão a poderes separados.*

Esses desencontros me levaram a refletir com maior atenção sobre a técnica de separação de poderes ou, como pretensiosamente prefiro denominar: *princípio da distribuição de funções estatais dentre órgãos supremos autônomos.*

Assim, o objetivo geral deste trabalho é o de demonstrar que nos últimos trezentos e cinquenta anos o conceito de separação de poderes proposto por Montesquieu sofreu modificações profundas, a fim de que ele pudesse ser capaz de apresentar soluções para problemas concretos de cada sociedade, em cada momento histórico.

Para atingir o objetivo, proponho a divisão do livro em sete capítulos distintos, onde distribuo a análise do tema da seguinte forma:

No primeiro capítulo proponho uma breve análise do conceito de poder para concluir que o vocábulo também pode ser empregado para designar os órgãos emissores da vontade soberana do Estado.

No segundo capítulo pretendo demonstrar que a ideia de separação de poderes é antiga e que a moderna concepção apresentada por Montesquieu sofreu inquestionável influência de ideias que remontam a Aristóteles e à tradição jurídico-política inglesa. Revelo ainda que no final do século XVII ela veio a ser substancialmente aprimorada pelos Federalistas norte-americanos.

No terceiro capítulo me dispus a analisar o conceito de funções estatais, onde demonstro que com as transformações introduzidas pelas revoluções técnico-científicas ocorridas a partir do final do século XVIII o número de atribuições estatais se multiplicou de forma exponencial, de modo que é pouco provável que atualmente possam ser agrupadas em apenas três categorias.

No quarto capítulo proponho a análise do tratamento dado aos poderes, também chamados de órgãos estatais, com ênfase na distinção entre órgãos dependentes e supremos.

No quinto capítulo, analiso o tratamento dado pelo direito constitucional positivo ao tema da separação de poderes, onde demonstro que o artigo 2º da Constituição Federal quase nada adiciona à compreensão do conceito, o que torna necessária uma análise mais ampla do tratamento dado ao tema no corpo da Lei maior.

No sexto capítulo me propus a analisar algumas decisões do Supremo Tribunal Federal acerca da distribuição das funções do Estado dentre órgãos supremos autônomos, para que possamos ter uma ideia mais clara acera da extensão e da profundidade da cláusula "independentes e harmônicos entre si", prevista no art. 2º da Carta Constitucional de nosso País.

Finalmente, no sétimo capítulo demonstro que a dinâmica das relações entre os órgãos supremos fez com que surgissem ciclos de protagonismo dos órgãos de poder, de modo que em um primeiro momento, o Legislativo assumiu a posição hegemônica; em seguida, com o aumento das intervenções estatais em razão do surgimento de novas funções a serem desempenhadas pelo Estado, o Executivo passou a ocupar essa posição; e, finalmente, com o surgimento do neoconstitucionalismo, o Judiciário passou a assumir um papel de incontestável destaque.

1
UM OBSCURO OBJETO DE DESEJO

"O Poder tende a corromper.
E o poder absoluto corrompe absolutamente".
Lord Acton

1. INTRODUÇÃO

Líbia, 20 de outubro de 2011. Sob o cano de pistolas e de fuzis, uma multidão enfurecida arrasta um homem de sessenta e nove anos pelas as ruas da cidade de Bengazi. Dois meses antes, ele havia sido forçado a abandonar Trípoli, a capital, e agora, desesperado, fugia dos rebeldes que estavam no seu encalço. De repente, o comboio em que viajava é atacado por aviões da OTAN, forçando o antes todo-poderoso a buscar refúgio em um tubo de drenagem, onde é encontrado sujo, esfarrapado e descabelado.

Em um golpe súbito, ele é violentamente atirado sobre o capô de um veículo e, com uma voz marcada pelo desalento, chega a perguntar a seus agressores: "o que eu fiz a vocês?".

Atordoado, ele passa a mão sobre seu rosto e constata que aquele líquido quente e viscoso que escorre de sua cabeça é sangue.

No entanto, o homem não conseguia mais esboçar qualquer reação, quer por não saber o que fazer, quer por haver se conformado com o fato de que aqueles seriam os seus últimos instantes de vida.

Quarenta e dois anos antes, Muammar al-Kaddafi, então um jovem idealista militar líbio, assumira a chefia do Estado, mergulhando o País em uma das mais cruentas ditaduras do século XX. Famoso por suas excentricidades, como o uso de roupas extravagantes, as inúmeras cirurgias plásticas, a criação de uma guarda pessoal feminina, o financiamento de perigosos grupos terroristas, a transmissão da execução de dissidentes pela TV e a institucionalização de estupros, Kaddafi mereceu o apelido que lhe fora dado pela imprensa internacional – Cachorro louco.

O exame da biografia do ditador líbio não nos deixa duvidar que sua principal ou mesmo sua única ambição era a conquista e a manutenção do *poder*, pois desde os tempos de estudante, Kaddafi tinha o hábito de aliciar seus companheiros de classe para que viessem a fazer parte de um futuro governo revolucionário.

Curiosamente, o golpe de setembro de 1969 foi dado sem derramamento de sangue. Porém, o jovem militar logo percebeu que chegar ao poder é uma coisa, mas permanecer nele é algo completamente diferente. Para se manter, Kaddafi apostou na eliminação física de seus opositores, muitos dos quais tiveram suas cabeças decepadas para serem mantidas em um freezer a fim de satisfazer os doentios desejos do coronel.

O estudo da história mais recente da Líbia nos obriga a refletir como algo que não conseguimos definir com precisão e de forma objetiva é capaz de se apoderar do ser humano, sequestrando sua alma e tornando-o não só capaz de matar e prender, mas também de arruinar a integridade física e mental de seus semelhantes.

Ao analisarmos esse fenômeno tão complexo e importante para a sobrevivência das sociedades, percebemos que, como todo ente de existência abstrata, ele é plurívoco. Tendo em vista os estreitos objetivos deste trabalho limitaremos a análise do vocábulo a apenas três de seus muitos sentidos: a) poder como relação; b) poder político; e c) poder como órgão emissor da vontade soberana do Estado.

2. PODER COMO RELAÇÃO

O poder é um dos mais importantes processos observados nas sociedades humanas. Ele é universal, não havendo o registro histórico de qualquer grupo social, por mais primitivo ou evoluído que seja, que dele tenha prescindido[2].

Ele ganha vida em uma complexa relação entre seus detentores e seus destinatários, nas quais o sujeito ativo, por

---

2 "As relações de poder estão disseminadas por toda a sociedade, havendo, no entanto, uma hierarquia que difere de um grupo social para outro". DIAS, Reinaldo. *Ciência Política*. 2ª ed. S Paulo: Atlas, 2013, p.29.

dispor de elementos mais valorizados pelo grupo[3], é dotado da capacidade de determinar e, até mesmo, exigir o comportamento do sujeito passivo, do qual, por sua vez, se espera obediência.

O atento exame dessas sofisticadas relações nos permite afirmar que o detentor do poder é aquele que tem a capacidade de impor sua própria vontade a outrem, mesmo que encontre resistência[4].

É preciso ter em conta que a relação de poder não é unilateral, eis que se manifesta em uma complexa rede de influxos recíprocos, o que nos permite afirmar que o detentor do poder influencia, mas também é influenciado pelo destinatário do mesmo.

Além disso, não podemos reduzir o poder a uma forma de dominação ou de opressão monolítica, porquanto as relações de poder se manifestam de muitas formas, que não podem ser reduzidas a coisas boas ou más em si – o que fazemos com o poder é que produz efeitos positivos ou negativos.

A doutrina faz menção a três atributos da relação de poder em seu sentido amplo: *o dinamismo, a difusão e a relatividade.*

As relações de poder são *dinâmicas*, o que nos permite afirmar que elas são dotadas de uma instabilidade natural. Como resultado, o poder não pode ser visto "[...] como uma

---

3 *Ibid.*, p. 30.

4 "Poder significa la probabilidad de imponer la propia voluntad, dentro de una relación social, aun contra toda resistencia y cualquiera que sea el fundamento de esa probabilidad." WEBER, Max. *Economia y sociedad, V.1.* Brasília: UnB, 2015, p. 43.

coisa que se possui" de forma duradoura[5], mas como algo que se encontra difuso pelo tecido social[6], de modo que jamais pode ser apropriado por seu detentor, que dele só pode desfrutar temporariamente. Esse atributo nos obriga a considerar que o poder não depende só dos agentes diretamente envolvidos, mas principalmente do contexto em que a interação ocorre.

Além disso, é necessário considerar que, como vimos anteriormente, o poder não está concentrado em um só indivíduo ou em uma só instituição[7], uma vez que ele se encontra *disperso* por toda a sociedade[8]. Assim, é possível afirmar que ele está presente em *todas* as relações inter-humanas, quer sejam elas familiares, econômicas, culturais, institucionais etc. Essa ubiquidade nos permite asseverar que o poder estatal é apenas uma das muitas de suas manifestações[9].

---

5 CHALITA, Gabriel. *O poder.* São Paulo: Revista dos Tribunais, 2005, p. 13.

6 WOLKMER, Antônio Carlos. *Ideologia, Estado e direito.* 3.ed. São Paulo: Revista dos Tribunais, 2000, p.79.

7 "Foucault argumentava que o poder não se encontrava em uma instituição, como o Estado, ou em um grupo específico de indivíduos. Ele dizia que esses modelos antigos de poder, incluindo o de Stephen Lukes, baseavam-se em identidades fixas. O poder estava em grupos fáceis de identificar: por exemplo, a classe dominante (para os marxistas) ou em homens (para as feministas). Ao contrário, Foucault argumentava que o poder atua em todos os níveis das interações sociais, em todas as instituições sociais, por todas as pessoas". GIDDENS, Anthony. *Sociologia.* 6.ed. Porto Alegre: Penso, 2012, p.700.

8 WOLKMER, Antônio Carlos. *Op. cit.*, p.7 9.

9 "Os Estados reservam a si o monopólio do uso da força e alocam todos os meios importantes de coerção física para as suas organizações, como a polícia ou as forças militares [...]. uma das principais características do Estado é este monopólio que utiliza para manter a integridade e impor sua vontade sobre o conjunto do seu território". DIAS, Reinaldo. *Ciência Política.* 2. ed. S Paulo: Atlas, 2013, p. 33.

Diante desses antecedentes, é possível afirmar que não há uma única relação humana que não esteja exposta ao fenômeno do poder e que há nas sociedades diversos tipos de poder.

Por fim, de acordo com o atributo da *relatividade* as relações de poder são sempre *parciais*. Isso significa que elas não são capazes de atingir todos os indivíduos de uma sociedade de maneira idêntica ou mesmo todos os aspectos de suas vidas. Ao refletirmos de forma mais detida sobre esse atributo somos levados a crer que a relação de poder apresenta ao menos três limitações: a *pessoal*, a *material* e a *temporal*.

A limitação *pessoal* do poder designa o fato de ele não ser capaz de atingir, ao mesmo tempo, todos os indivíduos de um grupo social, já que ele só consegue afetar um determinado número de pessoas que se encontram em uma situação específica. Assim, por exemplo, um líder religioso somente tem condições de exercer influência sobre o comportamento de seus fiéis; um líder sindical é capaz de modificar o comportamento de seus associados; em regra, até mesmo o Estado só tem condições de condicionar o comportamento daqueles que se encontram em seu território.

Ademais, podemos assegurar que o poder é *cronologicamente limitado*, já que ele só pode ser exercido em um determinado período de tempo. Assim, por exemplo, o poder dos pais sobre os filhos cessa com o advento da maioridade; da mesma forma, a autoridade do empregador sobre o empregado cessa com o término da rotina de trabalho.

Por fim, a limitação *material* designa o fato de a relação de poder estar limitada a um determinado aspecto da existência humana, como observou Stoppino: A mesma pessoa ou o mesmo grupo pode ser submetido a vários tipos de poder relacionados com diversos campos. O poder do médico diz respeito à saúde; o do professor, à aprendizagem do saber; o empregador influencia o comportamento dos empregados, sobretudo na esfera econômica e na atividade profissional; e um superior militar, em tempo de guerra, dá ordens que comportam o uso da violência e a probabilidade de matar ou morrer[10].

3. PODER EM SENTIDO ESTRITO: O PODER POLÍTICO

Em seu sentido estrito, o termo *poder* tem sido empregado para designar as relações nas quais um dos polos é ocupado pelo Estado.

Nessas relações o Estado se apresenta como uma entidade dotada da máxima capacidade de condicionar o comportamento humano de forma irresistível[11]; ou seja, ele é exercido de tal modo que o dominado está impossibilitado de "se subtrair ao poder dominante"[12].

---

[10] PODER. *In* BOBBIO, Norberto; MATTEUCCI, Nicola; PASQUINO, Gianfranco. *Dicionário de política*. 12. ed. Brasília: Editora Universidade de Brasília, 1999, p. 934.

[11] "Há inegavelmente algumas notas individualizadoras do poder estatal. A que chama mais atenção é a supremacia do poder do Estado sobre todos os demais que se encontram no seu âmbito de jurisdição". BASTOS, Celso Ribeiro; Martins, Ives Gandra da Silva. *Comentários à Constituição do Brasil: promulgada em 5 de outubro de 1988*. São Paulo: Saraiva, 1988, p.133.

[12] DALLARI, Dalmo de Abreu. *Elementos de teoria geral do Estado*. 28.ed. São Paulo: Saraiva, 2009, p.111.

É oportuno salientar que Max Weber foi o responsável pela cunhagem da conhecida ideia segundo a qual o poder político do Estado se caracteriza pelo fato de essa entidade gozar do monopólio do *uso legítimo da violência física*, com o propósito de manter a coesão social e condicionar o comportamento humano para que ele esteja voltado à realização do bem comum[13].

Todo esse conjunto de características nos permite sustentar que o poder em sentido estrito não se confunde com outras manifestações cratológicas. Isso porque, ainda que se reconheça que em todas as sociedades contemporâneas há um grande número de centros de poder, o Estado se apresenta em uma situação de indiscutível superioridade em relação a todos eles, já que os destinatários dos comandos estatais estão obrigados ao seu cumprimento[14]. Essa situação assim permanece até que o próprio Estado, por um de seus órgãos supremos, revogue ou anule o comando normativo anteriormente emitido.

---

13 "[...] vê-se que o poder político é superior a todos os outros poderes sociais, os quais reconhece, rege e domina, visando ordenar as relações entre esses grupos e indivíduos entre si e reciprocamente, de maneira a manter um mínimo de ordem e estimular um máximo de progresso à vista do bem comum". SILVA, José Afonso da. *Comentário contextual à Constituição*. 6.ed. São Paulo: Malheiros, 2009, p. 43.

14 "Para HELLER, analisando o Estado como unidade de decisão política, a soberania consiste na capacidade jurídica e real de decidir de maneira definitiva e eficaz em todo conflito que altere a unidade de cooperação social-territorial, em caso necessário mesmo contra o direito positivo e, além disso, de impor a decisão a todos, não só aos membros do Estado, mas, em princípio, a todos os habitantes do território". SOARES, Mário Lúcio Quintão. *Teoria do Estado: o substrato clássico e os novos paradigmas como pré-compreensão para o direito constitucional*. Belo Horizonte: Del Rey, 2001, p.159.

4. PODER COMO ÓRGÃO EMISSOR DA VONTADE SOBERANA DO ESTADO

Por último, o constitucionalismo moderno consagrou a ideia de que a vontade estatal pode ser expressa pela manifestação de três órgãos supremos: os Poderes Legislativo, Executivo e Judiciário.

Assim sendo, podemos concluir este capítulo com a constatação de que o vocábulo poder também pode ser empregado para designar os órgãos despersonalizados *dotados da capacidade de expressar a vontade soberana do Estado*[15].

---

[15] "Assim, por exemplo, falamos do 'poder público' como o conjunto de órgãos por meio dos quais o Estado e outras pessoas exercem suas funções específicas, por meio do qual o Estado mantém sua própria soberania". FERRAZ JR., Tércio Sampaio. *Estudos de filosofia do direito*. 3. ed. São Paulo: Saraiva, 2009, p.20.

2
A CONSTRUÇÃO DO CONCEITO

"Assim como todas as coisas humanas têm um fim, o Estado do qual falamos perderá sua liberdade e perecerá. [...] Ele perecerá quando o Poder Legislativo for mais corrupto do que o Poder Executivo".

Montesquieu.

1. INTRODUÇÃO

Há cerca de cinco mil anos, na extensa região entre os rios Tigre e Eufrates, surgiu a civilização Suméria, considerada como uma das primeiras e culturalmente mais desenvolvidas do mundo antigo.

Antes mesmo dos gregos, os sumérios se organizavam em cidades-Estados, governadas por chefes locais, que eram auxiliados tanto por sacerdotes quanto por membros da nobreza.

Diante da necessidade de proteger as áreas plantadas das inundações, especialmente as que ocorriam na primavera, por causa do degelo das montanhas, os governantes passaram a coordenar a construção de diques, complexas redes de canais de irrigação e celeiros, destinados à estocagem de alimentos em períodos de estiagem.

Como uma sociedade teocrática, as cidades sumérias se organizavam ao redor de templos que, além de servirem como locais de culto e exibição da enorme riqueza e poder dos governantes, também se prestavam à arrecadação de tributos e à concepção e planejamento das obras públicas que haveriam de ser executadas pelos membros da nobreza.

Essa breve introdução é importante para que possamos nos conscientizar que a ideia de *distribuição* de funções a serem desempenhadas pelos detentores do poder político não é nova. Além disso, é preciso levar em consideração que o conteúdo das atividades estatais não é estático, já que ele sofreu enormes transformações nos últimos cinco milênios.

Em razão desse dinamismo, não estamos autorizados a estabelecer uma relação de absoluta identidade entre as modernas ideias de separação de poderes, elaboradas a partir de meados do século XVII – que têm como maiores expoentes Locke, Montesquieu e os Federalistas –, e as antigas concepções sobre a distribuição de funções dentre órgãos estatais.

Antes de seguirmos adiante, é necessário advertir o leitor que as *teorias* que tratam da distribuição de funções entre órgãos estatais e a *efetiva* distribuição das funções estatais dentre diversos órgãos do Estado são coisas muito distintas.

Nesse sentido, não há dúvidas de que o moderno *conceito* de distribuição das funções a serem desempenhadas pelo Estado foi cunhado entre os séculos XVII e XVIII, a partir de ideias concebidas por autores geniais como Locke e Montesquieu. No entanto, não podemos deixar de notar que ao logo desses últimos trezentos e poucos anos cada sociedade desenvolveu um modelo próprio de organização de seus órgãos de dominação política, o que nos permite afirmar que em cada uma delas há um modelo exclusivo de separação de poderes.

Essa advertência é necessária para que possamos nos conscientizar que, apesar de haver sofrido uma profunda influência do processo de desenvolvimento do constitucionalismo francês, inglês e norte-americano, o princípio da separação de poderes presente na Carta Constitucional brasileira é dotado de um conteúdo próprio, uma vez que ele foi concebido para apresentar soluções práticas para problemas próprios da sociedade brasileira do último quartel do século XX.

2. ANTIGAS CONCEPÇÕES SOBRE A DISTRIBUIÇÃO DE FUNÇÕES

Como visto no início deste capítulo, a distribuição das funções a serem desempenhadas pelos governantes não foi uma técnica concebida pelo racionalismo iluminista, uma vez que há muitos séculos ela já vinha sendo empregada para aumentar a eficácia e a eficiência da atuação estatal[16].

Os gregos, por exemplo, passaram a empregar a técnica a partir do século VIII a.C., quando o sistema de organização política e institucional das cidades-estado passou por profundas transformações, uma vez que as atividades antes

---

[16] ZIPPELIUS, Reinhold. *Teoria Geral do Estado*. São Paulo: Saraiva, 2016, p.207.

monopolizadas pelos reis foram distribuídas entre um grande número de servidores, conforme o registro de Nemo[17]:

> Ao surgir da Cidade, verifica-se a fragmentação do poder mágico-religioso do rei do tipo miceniano que, em sua pessoa agrupava todas as funções sociais. As competências anteriormente atribuídas ao monarca passaram a ser exercidas por uma pluralidade de magistrados: militares, juízes, governantes, sacerdotes [...] A monarquia cedeu lugar à república, o poder político tornou-se coletivo – foi colocado *en to meson*, no meio da comunidade, tornando-se 'assunto de todos'.

Foi nesse contexto que, em 384 a.C., nasceu Aristóteles, considerado por muitos como o *precursor da concepção da separação de poderes*[18].

Em sua obra prima *Política*, Aristóteles ensina que nas cidades-Estado gregas o poder público era distribuído dentre três grupos de cidadãos: a) os encarregados dos assuntos atinentes à própria soberania, tais como as matérias referentes à guerra e à paz, às sentenças de morte, ao exílio e ao confisco de bens; b) os magistrados, termo aplicável para designar o conjunto de cargos cujos ocupantes seriam dotados da função de comando[19], que corresponde ao que hodiernamente conhecemos

---

17 NEMO, Philippe. *O que é o ocidente?* São Paulo: Martins Fontes, 2005, p.17.

18 É necessário notar, contudo, que o pensador estagirita nasceu e viveu em uma sociedade na qual a distribuição das funções a serem desempenhadas pelo poder público dentre vários órgãos já era uma prática corrente. Assim, podemos afirmar que, a despeito de sua importância para a filosofia política, as ideias de Aristóteles sobre a distribuição das funções a serem desempenhadas pelos detentores do poder eram um reflexo da realidade que o circundava.

19 "O termo magistratura se aplica aos cargos cujos ocupantes tem a função de deliberar sobre certas matérias e agir como juízes e sobretudo comandar, pois o comando é a principal característica de um magistrado". ARISTÓTELES. *Política*. São Paulo: Martin Claret, 2006, p.173.

como serviço público; e c) os encarregados do exercício daquilo que hoje conhecemos como função jurisdicional.

Apesar de sua genialidade, é necessário advertir o leitor que Aristóteles não engendrou uma *teoria* da separação de poderes, pois ele se limitou a descrever como as competências de cada magistrado eram distribuídas[20]. Além disso, mais uma vez, é preciso deixar claro para o leitor que a descrição feita por Aristóteles não pode ser confundida com as modernas teorias de separação de poderes, já que estas se elevam sobre dois pilares que não foram levados em consideração pelo pensador estagirita: a *autonomia* dos órgãos estatais e a concepção da existência de complexos *mecanismos de controle* recíproco.

É importante registrar que, apesar de historicamente importante, a contribuição de Aristóteles para a construção do conceito hodierno de separação de poderes deve ser relativizada, já que as ideias do famoso pensador em nada influenciaram "[...] a vida política durante, no mínimo, o milênio que se seguiu à sua vida"[21].

---

20 "Aristóteles, tal como se afirma, já havia descrito e analisado o fenômeno da divisão de poderes. Ele estabeleceu uma diferenciação entre o poder 'consultivo', o poder 'administrativo' e o poder 'jurisdicional'. Isso só poderia ser comparado à moderna divisão de poderes, caso estes poderes gozassem de uma medida considerável de autonomia, isto é, independência entre si e se fossem capazes de estabelecer um controle mútuo, em termos da preservação de sua individualidade". DOEHRING, Karl. *Teoria do Estado.* Belo Horizonte: Del Rey, 2008, p.281.

21 BASTOS, Celso Ribeiro. *Curso de direito constitucional.* 22.ed. São Paulo: Saraiva, 2001, p.352.

Ainda que não se possa atribuir a paternidade da ideia de separação de poderes a Aristóteles, não há dúvidas de que o pensador estagirita exerceu alguma influência na construção da chamada *teoria da constituição mista*, que esteve em vigor durante toda a Idade Média. Segundo essa doutrina, para que uma nação pudesse gozar de estabilidade, o poder político deveria ser compartilhado dentre o *rei*, a *nobreza* e o *povo*. Não é preciso muito esforço para constatar que a ideia facilitou o processo de consolidação do sistema de produção feudal em solo europeu.

De qualquer forma, o moderno conceito de distribuição das funções estatais dentre órgãos supremos autônimos não se funda sobre *uma* teoria sistematizada a respeito da separação de poderes, mas foi criada ao longo de muitos anos sobre as tradições jurídico-políticas: a inglesa, a francesa e a norte-americana.

3. A TRADIÇÃO INGLESA

Podemos iniciar esse tópico com a constatação de que as modernas *teorias* a respeito da distribuição das funções estatais do Estado remontam à práxis política inglesa do século XVII, período em que se deu a transição do Estado feudal estamental para o Estado representativo.

Naquele contexto, havia um consenso ao redor da ideia de que a limitação do poder político haveria de ser levada a cabo mediante a aplicação de uma versão adaptada da teoria aristotélica de constituição mista, segundo a qual o poder político haveria de ser compartilhado dentre o rei, a nobreza e o povo[22].

A história revela que no final século XVII, os ingleses finalmente conseguiram impor uma série de limitações ao poder de seus monarcas, o que foi feito mediante a fragmentação das funções desempenhadas pelo Estado.

O estudo desse processo revela que antes mesmo do triunfo da Revolução Gloriosa, os Ingleses já estavam familiarizados com a discussão acerca da necessidade de se conceber um sistema no qual houvesse o exercício em separado das funções legislativa e executiva, que seria empregado como um mecanismo de contenção do poder político. Nesse sentido, Piçarra registra que o *Instrument of Government*, de 16 de dezembro de 1653, considerados por muitos como a única Constituição escrita da Inglaterra, já previa institutos que mais tarde viriam a ser empregados pelos Estados modernos e contemporâneos[23] ao implantarem seus modelos de distribuição de funções dentre órgãos independentes e harmônicos.

---

22 PIÇARRA, Nuno. *A separação dos poderes como doutrina e princípio constitucional: um contributo para o estudo das suas origens e evolução.* Coimbra: Coimbra Editora, 1989, p.42.

23 "A primeira constituição escrita da Inglaterra - o *Instrument of Government* de 16 de dezembro de 1653 - consagrou o princípio da separação de poderes, considerado como trave-mestra de toda e qualquer verdadeira constituição". *Ibid.*, p.58.

3.1. A separação dos poderes segundo o pensamento de John Locke

A análise do pensamento de John Locke sobre a separação de poderes deve considerar que suas ideias foram profundamente influenciadas pelo ambiente de instabilidade política em que vivia a Inglaterra ao longo do século XVII, marcado pelas incontáveis e violentas escaramuças entre os monarcas e o Parlamento.

Tomando como ponto de partida a premissa segundo a qual o Estado é um ente cujos poderes são limitados pelo direito natural[24], Locke traçou as diretrizes fundamentais de sua teoria da separação de poderes ao estabelecer a premissa segundo a qual "[...] para que a lei seja parcialmente aplicada é necessário que não sejam os mesmos homens que a fazem a aplicá-la"[25].

Segundo Locke, o *Poder Legislativo* estaria incumbido da difícil tarefa de elaborar leis que haveriam de reger a sociedade. No entanto, ainda que fosse considerado como o poder supremo da comunidade[26] esse órgão não poderia se comportar de forma abusiva, porquanto deveria se submeter **às** normas por ele mesmo criadas.

---

24 A compreensão da teoria da separação de poderes de Locke requer a consideração da premissa segundo a qual antes mesmo do surgimento da sociedade política, os indivíduos já eram dotados de direitos decorrentes da própria condição humana. Esta premissa é de extrema importância, pois estabelece uma limitação objetiva à atuação do ente estatal, uma vez que este não poderia suprimir direitos que não foram por ele criados.

25 PIÇARRA, Nuno. *A separação dos poderes como doutrina e princípio constitucional: um contributo para o estudo das suas origens e evolução.* Coimbra: Coimbra Editora, 1989, p.71.

26 *Ibid.*, p.90.

Quanto ao conteúdo da manifestação normativa, Locke entendia que a atuação do legislativo somente poderia ser considerada legítima caso estivesse voltada à defesa dos interesses da comunidade, de modo que esse órgão não poderia destruir, escravizar ou empobrecer seus cidadãos de forma deliberada[27]. Essa ideia tinha por fundamento o conceito revolucionário, segundo o qual nenhum órgão estatal estaria autorizado a ab-rogar as chamadas *leis da natureza*[28].

Ao *Poder Executivo*, por sua vez, caberia a enigmática tarefa de dar *execução* às leis em vigor[29]. Curiosamente, a despeito do fato de Locke haver concebido o Poder Legislativo como um órgão estatal cujas reuniões eram infrequentes, O Executivo foi imaginado como um órgão de atuação permanente, já que "nem sempre se faz preciso elaborar novas leis, mas a necessidade de executar as leis existentes é constante"[30].

Para o pensador inglês, no entanto, os poderes do Estado "[...] não se esgotam [...] na dicotomia legislativo-executivo"[31], o que tornou necessária a concepção da existência de dois outros órgãos estatais supremos: o poder *federativo* e o poder de *prerrogativa*.

Ao *poder federativo*, por sua vez, foi atribuído o exercício da função de manutenção de relações com a comunidade

---

27 *Ibid.*, p.91.

28 *Ibid.*, p.91.

29 PIÇARRA, Nuno. *A separação dos poderes como doutrina e princípio constitucional: um contributo para o estudo das suas origens e evolução.* Coimbra: Coimbra Editora, 1989, p.98.

30 LOCKE, John. *Segundo tratado sobre o governo civil.* São Paulo: Abril Cultural, 1973, p.103.

31 PIÇARRA, Nuno. *Op. cit.*, p.73.

internacional, manifesto no poder de celebrar de tratados, de declarar a paz ou fazer a guerra[32].

O *poder de prerrogativa* se manifestava na autoridade dada ao detentor do poder político para atuar de forma discricionária. A atuação desse poder se fundava sobre a premissa de que o legislador não tem condições de "[...] prover por meio de leis, tudo aquilo que é útil à comunidade"[33]. Com efeito, o autor reconheceu que muitos assuntos fogem ao âmbito de previsão legal, de forma que devem depender da atuação discricionária do Executivo, tais como o exercício daquilo que hoje denominamos poder de polícia ou mesmo a possibilidade de convocar a reunião do parlamento.

Podemos finalizar esse tópico com a constatação de que as ideias de Locke acerca da separação de poderes não tiveram a mesma repercussão das de Montesquieu. Muito disso se deve ao fato de o autor inglês haver ignorado a necessidade da existência de um Judiciário autônomo[34] e de ter deixado de conceber a existência de um sistema no qual a atuação no qual os órgãos de poder pudessem ser dotados de instrumentos de heterolimitação - técnica que, mais tarde, receberia a denominação de sistema de freios e contrapesos[35].

---

[32] LOCKE, John. *Op. cit.*, p.99.

[33] *Ibid.*, p.108.

[34] "Somente em 1701, uma década após o aparecimento de sua obra é que o judiciário ganha uma certa independência, com a garantia da estabilidade aos juízes". GRILLO, Vera de Araújo. *A separação de poderes no Brasil: legislativo x executivo: uma análise a partir dos discursos dos Congressistas sobre assuntos de política externa de 1975 a 1985*. Itajaí: Univali, 2000, p.19.

[35] PIÇARRA, Nuno. A separação dos poderes como doutrina e princípio constitucional: um contributo para o estudo das suas origens e evolução. Coimbra: Coimbra Editora, 1989, p.78.

4. A CONTRIBUIÇÃO FRANCESA PARA A DOUTRINA DA SEPARAÇÃO DE PODERES

Apesar de haver sido antecedido por muitos, Montesquieu passou para a história como o pai da moderna teoria da separação de poderes. O título se justifica, pois, como passaremos a demonstrar, ao contrário de seus predecessores, o autor não se limitou a identificar as funções estatais, mas foi além ao distribuí-las entre órgãos autônomos, conforme critérios de especialização funcional[36].

Charles Louis de Secondat nasceu em janeiro de 1689, no seio de uma família aristocrática. Com a morte de seus pais, ele foi adotado por um tio, o Barão de Montesquieu, de quem herdou a fortuna e o título.

Montesquieu foi um homem de seu tempo e escreveu para uma França duramente atingida pelo reinado de dois monarcas absolutistas: Louis XIV e seu bisneto, Louis XV. Aquele se revelou como um governante autoritário que, a despeito da miséria de seu povo, se aventurou em disputas militares e despejou rios de dinheiro na construção do Palácio de Versalhes. Este, por sua vez, foi um governante voltado ao prazer e ao luxo, não tinha pudores em apresentar suas amantes para uma corte submissa. Seu governo afundou com a derrota francesa na Guerra dos Sete Anos, travada contra a Inglaterra e a Prússia, que teve como resultado a ruína dos cofres públicos, pois a França

---

[36] FERRAZ, Anna Cândida da Cunha. Conflito entre poderes: o poder congressual de sustar atos normativos do poder executivo. São Paulo: Revista dos Tribunais, 1994, p.17.

perdeu parte de suas importantes colônias na Ásia e no Novo Mundo[37].

De qualquer modo, seria uma grande injustiça deixar de mencionar que as ideias do Barão de La Brède foram fortemente inspiradas pelo pensamento político de John Locke e também pela observação *in loco* do funcionamento das instituições inglesas na primeira metade do século XVIII, já que sua estada em Londres, entre 1728 e 1731, teve grande peso no processo de concepção de seu modelo de distribuição de funções estatais dentre órgãos supremos autônomos[38].

Ao examinarmos o *Espírito das Leis* logo fica claro que a preocupação central de Montesquieu não foi a tripartição de poderes em si, mas a maximização da *liberdade* individual pela atuação equilibrada e limitada dos órgãos estatais supremos[39].

No entanto, é necessário notar que para Montesquieu a liberdade não poderia ser vista como a possibilidade de fazer

---

37 "Montesquieu escreve para uma França prostrada pelo absolutismo decadente da regência de Felipe de Orleans e Luís XV, uma França que ele ainda alcançara no crepúsculo da autoridade de Luís XIV, quando havia mais sombras e cadafalsos do que glória e honra no poder pessoal do monarca de direito divino". BONAVIDES, Paulo. Teoria do Estado. 3. ed. São Paulo: Malheiros, 1995.

38 "Ele estava em Londres, entre 1729 e 1731, quando se davam as confrontações entre os partidários dos 'Tories' e dos 'Whigs' e o sistema de gabinete de Walpole. Foi testemunha dos ataques de Bolingbroke e, entre as duas posições conflitantes - o equilíbrio das partes do qual dependeria a salvação do todo, e o mesmo equilíbrio com mútua independência - Montesquieu acabou por escrever sobre uma forma de governo idealizada". GRILLO, Vera de Araújo. *A separação de poderes no Brasil: legislativo x executivo: uma análise a partir dos discursos dos Congressistas sobre assuntos de política externa de 1975 a 1985.* Itajaí: Univali, 2000, p.20.

39 *Ibid.*, p.21.

tudo aquilo que se deseja. Segundo o Barão de La Brède, a liberdade individual jamais poderia ser plena e irrestrita, porquanto um homem somente pode ser considerado livre quando for capaz de fazer tudo aquilo que for *permitido* pela lei[40].

Porém, para que fosse possível desfrutar dessa liberdade, seria necessário que os cidadãos estivessem em uma situação de *segurança* de modo que não haveria razões para temerem outros cidadãos. Esse estado utópico só poderia ser alcançado se o poder estatal estivesse submetido a limites jurídicos objetivos.

Fica claro, portanto, que a chamada *teoria* da tripartição de poderes de Montesquieu toma como premissa fundamental a ideia de que não haveria liberdade quando as atividades estatais estivessem concentradas em um único órgão supremo.

Nesse ambiente marcado por um profundo ceticismo em relação à bondade humana, Montesquieu funda sua teoria na premissa segundo a qual "[...] todo homem que possui poder é levado a dele abusar"[41]. Assim, o Barão de La Brède entendeu que eventuais abusos praticados pelo Estado somente poderiam ser contidos caso fossem concebidos sofisticados instrumentos de controle institucional.

Diante desses antecedentes, Montesquieu conclui que a liberdade jamais poderia ser alcançada enquanto as atividades

---

40 MONTESQUIEU, Charles de Secondat, Baron de. *O espírito das leis*. São Paulo: Saraiva, 1994, p.166.

41 MONTESQUIEU, Charles de Secondat, Baron de. *O espírito das leis*. São Paulo: Saraiva, 1994, p.166.

estatais estivessem concentradas em um único órgão autorizado a exteriorizar a vontade soberana do Estado.

Assim, a fim de conter abusos e maximizar a liberdade, o autor concebeu um sofisticado arranjo institucional no qual o exercício da soberania estatal haveria de ser distribuído dentre três órgãos independentes e autônomos, de modo que o poder estaria em condições de limitar o próprio poder[42].

4.1. A separação de poderes segundo Montesquieu

Como visto acima, a divisão funcional do poder político com o objetivo de limitá-lo já havia sido objeto de preocupação de diversos autores que antecederam Montesquieu. Assim, podemos afirmar que o grande mérito do Barão de La Brède não foi a identificação da existência de três funções estatais, mas a ideia de que a *separação orgânica* deveria ser acompanhada da *separação funcional*[43].

As ideias de Montesquieu partem da premissa segundo a qual

> tudo estaria perdido se o mesmo homem, ou o mesmo corpo dos principais, ou dos nobres, ou do povo exercesse os três poderes: o de fazer as leis, o de executar as resoluções públicas e o de julgar os crimes e as querelas entre os particulares[44].

---

42 MONTESQUIEU, Charles de Secondat, Baron de. *O espírito das leis*. São Paulo: Saraiva, 1994, p.167.

43 CLÈVE, Clèmerson Merlin. *Atividade legislativa do Poder Executivo no Estado contemporâneo e na Constituição de 1988*. São Paulo: RT, 1993, p.24.

44 MONTESQUIEU, Charles de Secondat, Baron de. *O espírito das leis*. São Paulo: Saraiva, 1994, p.168.

Assim sendo, cada Estado deveria contar com três órgãos autônomos de poder, sendo que a cada um deles deveria ser conferido um conjunto de atribuições específicas: legislativo; executivo das coisas que dependem do direito das gentes; e executivo das coisas que dependem do direito civil.

O *Poder Legislativo* seria o órgão supremo encarregado da função de criar leis e de revogar ou modificar as já existentes. Ele deveria ser formado por membros da nobreza e por representantes do povo[45].

A leitura de O Espírito das Leis deixa evidente que Montesquieu conhecia a concepção aristotélica de constituição mista, pois o Barão de La Brède enunciava que o Poder Legislativo haveria de ser o fórum no qual os diferentes interesses dos estamentos contrapostos - povo e nobreza[46] - haveriam de ser debatidos.

Ao pensar o Legislativo, Montesquieu se limitou a reproduzir um já desgastado modelo fundado na separação entre nobres e plebeus, que mais tarde seria lembrado como uma dos estopins da Revolução de 1789.

Para o Barão de la Brède, o legislativo haveria de ser composto por duas casas distintas, sendo que cada uma delas deveria contar com representantes dos estamentos contrapostos. Além disso, as deliberações de cada casa legislativa deveriam ser tomadas em separado.

---

45 *Idem.*, p.168.

46 PIÇARRA, Nuno. *A separação dos poderes como doutrina e princípio constitucional: um contributo para o estudo das suas origens e evolução.* Coimbra: Coimbra Editora, 1989, p.109.

O *executivo das coisas que dependem do direito das gentes* estaria incumbido da tarefa de fazer guerra ou a paz, celebrar acordos internacionais, bem como tratar da segurança interna[47]. O exercício dessa função deveria ser imputado a um único agente, pois muitas vezes o processo de tomada de decisões depende de uma atuação rápida, incompatível com a organização colegiada[48].

É preciso deixar claro que Montesquieu não chegou a enumerar as funções que deveriam ser desempenhadas pelo Poder Executivo. O autor se limitou a afirmar que o executivo deve se ocupar das coisas momentâneas, que exigem uma ação igualmente momentânea[49] - mal sabia ele que o Poder Executivo iria novamente se agigantar em razão das novas funções atribuídas aos Estados, com as revoluções tecnológicas iniciadas a partir do final do século XVIII.

Por fim, o judiciário, denominado por Montesquieu como o *executivo das coisas que dependem do direito civil*, teria sua atuação limitada ao julgamento dos litígios entre os particulares e de aplicar punições aos criminosos. O exercício da função jurisdicional deveria ser realizado por um grupo de pessoas "tiradas do seio do povo em determinados momentos do ano,

---

47 Note-se que essa função pouco e assemelha às tarefas atualmente atribuídas ao Executivo.

48 MONTESQUIEU, Charles de Secondat, Baron de. *O espírito das leis*. São Paulo: Saraiva, 1994, p.172.

49 PIÇARRA, Nuno. *A separação dos poderes como doutrina e princípio constitucional: um contributo para o estudo das suas origens e evolução*. Coimbra: Coimbra Editora, 1989, p.93.

da maneira prescrita pela lei, para formar um tribunal que só dure o tempo que a necessidade requer"[50].

Morto em 1755, antes, portanto, da Revolução, Montesquieu não chegou a ver implementada a teoria da tripartição orgânica das funções estatais em seu País Natal. Somente em 1789, suas ideias foram eternizadas na Declaração dos Direitos do Homem e do Cidadão[51], que consagrou a separação dos poderes como um dos fundamentos do constitucionalismo moderno e contemporâneo.

4.2. As faculdades de estatuir e de impedir

Para Montesquieu, a liberdade somente alcançaria seu ponto máximo em uma sociedade na qual o poder político fosse moderado, porquanto limitado pelo direito[52]. Nesse ambiente, o equilíbrio institucional entre os órgãos de poder somente poderia ser alcançado se a *faculdade de estatuir* atuassem em conjunto com a chamada *faculdade de impedir*[53]. Curiosamente, esse importante ponto da moderna teoria da separação de poderes tem sido relegado a um segundo plano de importância.

---

50 MONTESQUIEU, Charles de Secondat, Baron de. *Op. cit.*, p.168.

51 O art. 16 da Declaração assim dispõe: "Toda sociedade, em que não está assegurada a garantia dos direitos nem determinada a separação de poderes, não tem Constituição".

52 CHÂTELET, François, DUHAMEL, Olivier, PSIER-KOUCHNER, Evelyne. *História das ideias políticas*. Rio de Janeiro: Jorge Zahar, 2000, p.65.

53 "O gênio político de Montesquieu não se cingiu a teorizar acerca da natureza dos três poderes senão que engendrou ao mesmo passo a técnica que conduziria ao equilíbrio dos mesmos poderes, distinguindo a faculdade de estatuir (*faculté de statuer*) da faculdade de impedir (*faculté d'empêcher*)". BONAVIDES, Paulo. *Ciência política*. 10. ed. São Paulo: Malheiros, 1999, p.140.

A *faculdade de estatuir* consistiria no "[...] direito de ordenar por si mesmo, ou de corrigir o que foi ordenado por outrem"[54].

Por sua vez, a faculdade de impedir seria o "[...] direito de anular uma resolução tomada por outrem" [55].

Fica claro, portanto, que de acordo com o desenho institucional concebido pelo Barão de La Brède, cada órgão soberano tem o dever de impedir que os demais exerçam suas competências de forma abusiva[56].

Com o emprego dessa sofisticadíssima técnica as decisões tomadas por um órgão de poder poderiam ser anuladas por outro, tornando possível o controle jurídico-político da atuação estatal[57].

4.3. Considerações finais sobre a tripartição de poderes de Montesquieu

Montesquieu é um daqueles autores muito citados, mas pouco lidos. Isso faz com que as referências a sua obra nem

---

54 MONTESQUIEU, Charles de Secondat, Baron de. *O espírito das leis*. São Paulo: Saraiva, 1994, p.172.

55 *Ibid.*, p.172.

56 FERNANDES, Bernardo Gonçalves. *Curso de direito constitucional*. 3.ed. Rio de Janeiro: Lumen Juris, 2011, p.212.

57 Merece registrar que as modernas abordagens de limitação orgânica e funcional do poder do Estado dão mais ênfase aos controles recíprocos dos órgãos soberanos do que à própria tripartição de poderes. KADRI, Omar Francisco do Seixo. *A força normativa do princípio do Estado de Direito democrático frente ao acúmulo da função legislativa pelo poder executivo*. *In* FILHO, Agassis de Almeida, Danielle da Rocha Cruz (org.). *Estado de direito e direitos fundamentais: homenagem ao jurista Mário Moacyr Porto*. Rio de Janeiro, Forense, 2005, **p.532.**

sempre sejam capazes de refletir as ideias do autor com a necessária fidelidade.

Talvez a maior prova de que as ideias do autor têm sido distorcidas é o fato de o Barão de la Brède jamais ter feito uso da expressão *separação de poderes*[58]. Os responsáveis pela confusão foram, na Europa, os revolucionários franceses[59] e, do outro lado do Atlântico, os fundadores dos Estados Unidos da América.

Antes de encerrar esse tópico é preciso observar que mesmo sob a perspectiva do liberalismo político, a locução *separação de poderes* não apresenta um significado único, pois, conforme o registro de Piçarra[60], ela se presta a designar:

---

58 "[...] como observa agudamente Loius Wodon perquirindo as idéias de Montesquieu, ao depor: 'não é tanto a separação de poderes - *expressão que ele não emprega uma só vez* - que Montesquieu dá importância para o estabelecimento da liberdade política, senão ao seu equilíbrio, isto é, segundo sua expressão já posta em relevo, aquilo que o poder detém o poder". MENEZES, Anderson de. Teoria geral do Estado. Rio de janeiro: Forense, 1995, p.255.

59 "La Constitución del año 1791, primera de La Revolución francesa, habla por primera vez de una separación de poderes (séparation des pouvoirs), en lugar de división[...]".SCHMITT, Carl. Teoria de la Constitución. Madrid. Alianza Editorial, 1996, p.188.

60 "1º. Distinção entre os conceitos de legislativo, executivo e judicial, para designar quer as funções estaduais distintas quer dos órgãos que as exercem.
2º. Independência ou imunidade de um órgãos estatal, quanto ao(s) seu (s) titular(es) ou quanto aos seus atos, perante a acção ou interferência de outro.
3º. Limitação ou controlo do poder de um órgão estadual mediante o poder conferido a outro órgão de anular ou impedir a perfeição dos actos do primeiro, ou mediante a responsabilização de um perante o outro.

a) a separação orgânica e funcional entre os poderes legislativo, executivo e judiciário;

b) a independência dos órgãos supremos estatais, especialmente, a impossibilidade de interferência no exercício das chamadas funções precípuas;

c) a limitação ou o controle dos atos praticados por um órgão estatal, mediante a conferência de poderes a outros órgãos para anular atos que violem o ordenamento jurídico;

d) o exercício simultâneo e conflitante de uma mesma função estatal por dois órgãos distintos; e

e) a incompatibilidade do exercício simultâneo de cargos em diferentes órgãos estatais.

De qualquer forma, é necessário considerar que a concepção *liberal* da separação de poderes somente será capaz de maximizar sua eficácia caso seja aplicada conjuntamente com outras técnicas concebidas com o objetivo de conter o poder do estado, tais como: a) a adoção do federalismo, com o qual se evita a concentração de poder por sua distribuição entre os entes federados; b) pelo reconhecimento de direitos fundamentais; e também pelo c) "[...] reconhecimento constitucional da

---

4º. Participação de dois ou mais órgãos, independentes entre si, da mesma função estadual, em ordem prática de um acto imputável a todos.
5º. Incompatibilidade de exercício simultâneo de cargos em diferentes órgãos estaduais". PIÇARRA, Nuno. A separação dos poderes como doutrina e princípio constitucional: um contributo para o estudo das suas origens e evolução. Coimbra: Coimbra Editora, 1989, p.12.

existência dos chamados poderes intermediários e garantias institucionais do Estado, como as associações patronais e os sindicatos operários, igrejas e comunidades religiosas, imprensa, instituições científicas e outras espécies de autogestão, em forma de comunidades"[61].

Por fim, mas não menos importante, é preciso alertar o leitor para o fato de que, apesar de sua incontestável importância, as ideias de Montesquieu já não são capazes de resolver os cada vez mais complexos problemas das sociedades contemporâneas[62].

5. A SEPARAÇÃO DE PODERES NA VISÃO DOS FEDERALISTAS NORTE-AMERICANOS

Apesar da inquestionável importância do trabalho de Montesquieu, foi somente pelas mãos dos norte-americanos James Madison, Alexander Hamilton e John Jay que o modelo contemporâneo de separação de poderes ganhou vida ao ser expressamente adotado pela primeira constituição escrita do mundo moderno, criada sob a influência da ideologia liberal.

---

[61] DOEHRING, Karl. *Teoria do Estado*. Belo Horizonte: Del Rey, 2008, p.282.

[62] Souza Júnior observa que o arranjo clássico da separação de poderes somente poderá ser aplicado a uma sociedade contemporânea se forem reunidos os seguintes requisitos: a) que o funcionamento do sistema econômico dispense a massiva intervenção do Estado; b) que não haja partidos políticos capazes de disputar o poder; c) que na sociedade haja um consenso sobre a adoção da ordem econômica e social capitalista. SOUZA JÚNIOR, Cezar Saldanha. *Consenso e tipos de Estado no ocidente*. São Paulo: Sagra Luzzatto, 2002, p.65.

Antes de aprofundarmos a discussão, é necessário esclarecer que a concepção norte-americana de separação de poderes foi arquitetada sob a influência de um conjunto de fatores muito distintos daqueles observados em solo europeu.

Com efeito, as colônias inglesas situadas na América do Norte se organizavam de modo peculiar, o que as tornavam diferentes das sociedades existentes na Europa Continental ou insular. Decerto, no Novo Mundo, as sociedades não estavam divididas em estamentos; além disso, os conceitos de lei e de direito estavam longe de refletir os ideais iluministas[63]. Essa situação não permitiu que o Legislativo ocupasse posição de destaque nesse ambiente institucional.

De outro modo não poderia ser, pois as instituições estatais norte-americanas foram idealizadas a partir de um natural sentimento de rejeição à monarquia e de desconfiança em relação ao Parlamento. Ademais, ao contrário do que ocorria com o direito europeu, no qual o Estado tinha a pretensão de regular as condutas dos indivíduos com elevado grau de detalhamento, o direito norte-americano foi concebido sobre um ideal de interferência mínima do poder legislativo na vida dos cidadãos.

---

63 "O conceito de lei de matriz rousseauniana dificilmente poderia ser aceite (sic) no mundo anglo-saxônico, no mundo do *common law*, que as colônias da Nova Inglaterra também adoptaram. Este radica na ideia de que o Direito está em grande parte subtraído à criação do legislador, cabendo a esse função constitutiva, nessa medida, ao juiz, autor do '*judge-made law*'". PIÇARRA, Nuno. *A separação dos poderes como doutrina e princípio constitucional: um contributo para o estudo das suas origens e evolução*. Coimbra: Coimbra Editora, 1989, p.207.

Diversamente do que ocorreu na França, o sentimento de desconfiança em relação à atuação do Parlamento Inglês permitiu o desenvolvimento do conceito de que as manifestações do Poder Judiciário haveriam de ser dotadas de uma natureza eminentemente constitutiva, e não meramente declaratória. Dito de outra forma, o juiz deve regular a situação concreta, e não se limitar a aferir a subsunção do fato a uma norma previamente editada pelo órgão legislativo. Além disso, o desenvolvimento da concepção de um sistema institucionalizado de freios e contrapesos tornaria possível o exercício do controle judicial de constitucionalidade dos atos normativos do Poder Público.

Diante de todos esses elementos é possível inferir que a concepção norte-americana da atuação do poder judiciário logo se distanciou das ideias de Montesquieu, para quem esse órgão supremo seria apenas a *boca da lei*, um mero aplicador de comandos normativos previamente editados pelo Legislativo.

A análise do contexto histórico no qual os textos de Hamilton, Madison e Jay foram escritos, deixa claro que a promulgação da Constituição norte-americana foi precedida de uma séria ameaça de dissolução da Confederação que se havia formado em 1777.

Com o propósito de rever os chamados Artigos da Confederação, foi convocada a Convenção Constitucional de Filadélfia - que ocorreu entre maio e setembro de 1787, sob a presidência de George Washington. Esse documento foi redigido com o propósito de registrar o acordo formado entre as treze colônias inglesas na América do Norte e não previa a existência de um governo central forte, capaz de coordenar a atuação dos membros signatários do pacto.

Com o objetivo de apresentar argumentos de defesa da adoção do novo sistema de governo e da nova forma de Estado previstos na Constituição, cuja vigência dependia da ratificação pelos membros da recém-formada federação[64], Alexander Hamilton, James Madison e John Jay escreveram 83 ensaios publicados na imprensa de Nova York ao longo do ano de 1788.

O maior desafio dos Federalistas era demonstrar que o modelo confederativo não mais atendia aos interesses do povo norte-americano. Era necessário fortalecer o governo central, dotando-o de meios que o tornassem capaz de promover a defesa comum de seus entes componentes, preservar a paz pública contra agressões internas e externas, regular o comércio com outras nações e entre os Estados membros[65], além de ser competente para editar normas que fossem obrigatórias tanto para os indivíduos quanto para os entes federados.

A leitura de diversos artigos, especialmente o de número 51, não deixa dúvidas de que os Federalistas se inspiraram no modelo de órgãos independentes proposto por Montesquieu[66].

---

[64] LIMONGI, Fernando Papaterra. *O Federalista: remédios republicanos para males republicanos. In* WEFFORT, Francisco C. (org.) Os Clássicos da Política. São Paulo, Editora Ática, 2004, vol. 1, p.245.

[65] "As principais finalidades a serem atingidas pela União são as seguintes: a defesa comum de seus membros; a preservação da paz pública, tanto contra as convulsões internas como contra os ataques externos; a regulamentação do comércio com outros países e entre os Estados-membros, a superintendência de nossas relações políticas e comerciais com países estrangeiros". HAMILTON, Alexander, MADISON, James, JAY, John. *O Federalista.* São Paulo: Russell, 2003, p.155.

[66] "A fim de criar os devidos fundamentos para a atuação separada e distinta dos diferentes poderes do governo – o que, em certo grau, é admitido por todos como essencial à preservação da liberdade, é evidente que cada um deles deve

No entanto, os norte-americanos foram além, pois enfatizaram um aspecto pouco valorizado pelos intérpretes das ideias do Barão de La Brède – a contenção do poder mediante o emprego de mecanismos que permitissem o efetivo exercício das *faculdades de estatuir* e de *impedir*.

Hamilton, Madison e Jay conceberam um sofisticado mecanismo de controle, segundo o qual a Constituição deveria tratar das atribuições de cada um dos órgãos de poder, ao mesmo tempo em que previa a existência de "instrumentos de defesa e ataque na preservação de suas prerrogativas e de modificação das decisões do outro"[67].

A fim de viabilizar a preservação da autonomia dos órgãos supremos, os Federalistas manifestaram seu entendimento no sentido de que os poderes haveriam de atuar de forma separada e distinta, de modo que os membros de cada um dos órgãos supremos deveriam exercer a menor ingerência possível sobre a atuação dos demais[68]. Além disso, cada um desses órgãos haveria de ser dotado de instrumentos que tornassem possível a

---

ter uma personalidade própria e, consequentemente, ser de tal maneira constituído que os membros de um tenham a menor ingerência possível na escolha dos membros dos outros". *Ibid.*, p.321.

67 GROHMANN, Luís Gustavo Mello. *A separação de poderes em países presidencialistas: a América Latina em perspectiva comparada*. Revista de Sociologia Política. Curitiba, 17, p. 75-106, nov. 2001, p.81.

68 "É do mesmo modo evidente que os membros de cada um dos três ramos do poder devem ser tão pouco dependentes quanto possível dos demais, relativamente aos respectivos emolumentos. Se o magistrado executivo ou os juízes não forem independentes do Legislativo neste particular, a independência sob qualquer outros aspecto será meramente nominal. HAMILTON, Alexander, MADISON, James, JAY, John. *O Federalista*. São Paulo: Russell, 2003, p.322.

resistência contra eventuais ataques dos outros poderes. Dentre essas ferramentas encontramos a autonomia administrativa e orçamentária.

Tendo em vista a natural supremacia do Poder Legislativo, os federalistas conceberam que o sistema deveria contar com instrumentos mais elaborados de contenção desse órgão, o que poderia ser feito mediante sua bipartição em duas casas distintas[69]: a Câmara de Representantes e o Senado.

A Câmara dos Representantes, que seria formada por mandatários do povo, escolhidos em número proporcional à população de cada um dos entes componentes da federação.

O Senado, por sua vez, seria formado por indivíduos mais velhos e dotados de mandatos mais longos[70], que estariam incumbidos da defesa dos interesses dos Estados.

Essa configuração inovadora tornaria possível a criação de um ambiente de equilíbrio entre os entes componentes da recém-criada federação, considerando que cada lei haveria de ser aprovada mediante a manifestação da maioria

---

[69] "No governo republicano predomina necessariamente a autoridade legislativa. A solução para esse inconveniente está em repartir essa autoridade entre diferentes ramos e torna-los, utilizando maneiras diferenciadas de eleição e distintos princípios de ação, tão pouco interligados quanto for permitido por suas funções comuns e dependência da mesma comunidade". HAMILTON, Alexander; MADISON, Jamês; JAY, John. *O Federalista*. São Paulo: Russell, 2003, p.322.

[70] "As qualificações propostas para os senadores, distintas das previstas para os deputados, resumem-se a uma idade mais avançada e um período mais longo de cidadania". *Idem.*, p.381.

dos representantes do povo e das entidades componentes da Federação norte-americana[71].

Os Federalistas entendiam que o Poder Executivo, ao contrário do que se passava com o Legislativo, padecia de uma natural debilidade. Por essa razão, defendiam a necessidade de seu fortalecimento a fim de que ele pudesse estar em condições de se impor perante a tendência à natural hegemonia do Parlamento.

A chefia do Poder Executivo caberia a *um* indivíduo[72] eleito para desempenhar um mandato de quatro anos. É necessário observar que, ao contrário dos sistemas parlamentaristas, o Presidente da República somente poderia ser destituído do cargo caso houvesse praticado atos específicos, expressamente mencionados no texto constitucional[73].

Por ser considerado como um poder mais débil concebeu-se que seria necessário dotar o Executivo de instrumentos que lhe permitissem contrapor o Legislativo. Uma dessas ferramentas seria o poder de veto[74], que somente poderia ser

---

[71] "Nenhuma lei ou resolução pode agora ser aprovada sem a anuência, primeiro, de uma maioria de eleitores, depois, de uma maioria de Estados-membros". *Idem.*, p.382.

[72] "A primeira coisa que fere nossa atenção é que a autoridade do Executivo é, com raras exceções, designada por um único magistrado". HAMILTON, Alexander; MADISON, James; JAY, John. *O Federalista*. São Paulo: Russell, 2003, p.421.

[73] "O Presidente dos Estados Unidos estará sujeito a ser denunciado, julgado e, se condenado por traição, suborno ou outros crimes, destituído do cargo, podendo ainda ser denunciado e punido pela justiça ordinária". *Ibid.*, p.421.

[74] "O Presidentes dos Estados Unidos terá o poder de restituir um projeto de lei aprovado pelas duas Casas do Legislativo, a fim de que seja reconsiderado,

derrubado diante da manifestação expressa de dois terços de ambas as casas legislativas[75].

A autonomia do Poder Judiciário, por sua vez, foi cuidadosamente tratada por Hamilton, Madison e Jay que conceberam que, diversamente do que ocorria com os ocupantes dos demais órgãos supremos, os magistrados não deveriam ser escolhidos pelo voto popular, mas pela observância de critérios que permitissem avaliar a qualificação técnica dos candidatos[76].

---

transformando-se em lei, quando dessa reconsideração for aprovado por dois terços dos membros de ambas as casas". *Ibid.*, p.422.

[75] "O primeiro ponto que desperta nossa atenção é o veto qualificado do Presidente aos atos ou resoluções das duas Casas do Legislativo; em outras palavras, seu poder de restituir qualquer projeto, apresentando objeções que impedem sua transformação em lei, a menos que, posteriormente, seja retificado por dois terços dos integrantes de cada Casa Legislativa". *Idem.*, p.322.

[76] "A fim de criar os devidos fundamentos para a atuação separada e distinta dos diferentes poderes do governo - o que, em certo grau, é admitido por todos como essencial à preservação da liberdade, é evidente que cada um deles deve ter uma personalidade própria e, consequentemente, ser de tal maneira constituído que os membros de um tenham a menor ingerência possível na escolha dos membros dos outros. Para que esse princípio fosse rigorosamente observado, seria necessário que todas as designações para as magistraturas supremas do Executivo, do Legislativo e do Judiciário tivessem a mesma fonte de autoridade - o povo - através de canais sem comunicação uns com os outros. Talvez um projeto assim de organização de poderes seja, na prática, menos difícil do que parece. Contudo, exigiria algumas concessões e ônus adicionais para ser levado a cabo, admitindo-se inclusive, certos desvios do princípio. Na Constituição do Judiciário, particularmente, seria desaconselhável insistir na observância rigorosa do princípio; primeiro, porque, devendo ser atendidas as qualificações peculiares de seus membros, a consideração primordial seria que a seleção assegurasse a existência de tais qualificações; em segundo lugar, porque a vitaliciedade do mandato deve, em pouco tempo, destruir qualquer laço de dependência em relação à autoridade responsável pela nomeação. HAMILTON, Alexander; MADISON, James; JAY, John. *O Federalista.* São Paulo: Russell, 2003, p.321.

No entanto, o sistema concebido permitia que o Poder Executivo interviesse no Poder Judiciário ao nomear ministros da Suprema Corte[77].

Oportuna a lembrança de que, ao contrário do que ocorria na Europa, os Federalistas conceberam que o Poder Judiciário estaria autorizado a declarar a nulidades de atos normativos contrários à Constituição[78] e a realizar a interpretação da Lei Maior[79].

A independência do Poder Judiciário haveria de ser preservada mediante a concepção de uma série de direitos assegurados à magistratura, tais como a vitaliciedade (que permitiria a manutenção dos magistrados em seus cargos enquanto

---

77 "Cabe ao Presidente escolher e, com o 'parecer e aprovação do Senado', nomear embaixadores e outros representantes diplomáticos, bem como os juízes da Suprema Corte e, em geral, todos os funcionários dos Estados Unidos, previstos em lei e cujas nomeações não sejam objeto de prescrição especial pela Constituição". *Ibid.*, p.425.

78 "Relativamente à competência das cortes para declarar nulos determinados atos do Legislativo, porque contrários à Constituição, tem havido certa surpresa, partindo do falso pressuposto de que tal prática implica em uma superioridade do Judiciário sobre o Legislativo. Argumenta-se que a autoridade que pode declarar nulos atos de outra deve necessariamente ser superior a esta outra". *Idem.*, p.471.

79 "O campo de ação próprio e peculiar das cortes se resume na interpretação das leis". *Ibid.*, p. 322.

apresentassem bom comportamento)[80] e a irredutibilidade de seus vencimentos[81].

A leitura dos *Federalist Papers* nos revela que seus autores, a despeito da evidente influência de Montesquieu[82], conceberam um sistema inovador de contenção do poder pelo próprio poder, que permitiu o rápido desenvolvimento de instituições jurídicas e políticas que logo seriam exportadas para os países da região.

Apesar de haver sido escrita no ano de 1788, a obra é atual e revela o indiscutível pragmatismo dos norte-americanos. Sua influência tem sido sentida não só na formação do direito brasileiro, mas também na concepção das instituições políticas de todos os Estados que adotaram o sistema presidencialista de governo.

80 "[...] não pode haver dúvida de que a convenção agiu judiciosamente, tomando como modelo as Constituições que adotaram a norma de manter os juízes em seus cargos enquanto bem se conduzirem; e que, longe de ser criticável a esse respeito, o projeto apresentado teria sido inevitavelmente defeituoso se lhe faltasse tão importante característica de um bom governo. a experiência da Grã-Bretanha oferece-nos um bom exemplo da excelência dessa prática". *Ibid.*, p.475.

81 "Os honorários dos membros do Judiciário podem, de tempos em tempos, ser alterados de acordo com a conjuntura, porém de maneira que jamais um juiz receba menos do que quando assumiu seu cargo". *Ibid.*, p.478.

82 "O oráculo sempre consultado e citado a respeito é o famoso Montesquieu. Se não foi o autor desse inestimável preceito da ciência política, pelo menos tem o mérito de tê-lo divulgado e recomendado, fazendo com que ele fosse objeto da universal atenção". *Ibid.*, p.301.

3
FUNÇÕES ESTATAIS

1. INTRODUÇÃO

O vocábulo *função* é eminentemente plurívoco, podendo significar um grupo de atribuições de um dado emprego ou cargo; o próprio ofício desempenhado por uma pessoa; a serventia, ou seja, a utilização com um propósito específico; as operações realizadas por um órgão ou sistema; ou o conjunto de tarefas atribuídas a um órgão ou entidade.

No âmbito do direito constitucional o professor Jorge Miranda[83] nos ensina que é possível atribui à expressão *função de Estado* um duplo sentido: o *amplo* e o *estrito.*

Em seu sentido *amplo*, o termo função se presta a designar o conjunto de *incumbências* ou *tarefas* que constitui a própria *razão de ser* de uma dada organização.

Em seu sentido *estrito* ou jurídico, o vocábulo é empregado para indicar um *conjunto de atribuições* impostas pelo ordenamento jurídico aos órgãos, entidades ou agentes *estatais* com

---

[83] MIRANDA, Jorge. *Teoria do Estado e da Constituição.* Rio de Janeiro: Forense, 2007, p.230.

o objetivo de atingir objetivos previamente definidos pela sociedade[84]. Com base nessa ideia podemos afirmar que a função apresenta a natureza dúplice, tanto de *dever* quanto de *poder*.

Sob o ponto de vista do *dever*, o vocábulo função designa o *exercício compulsório de uma atividade estatal no interesse de toda a coletividade*[85], e não no interesse dos ocupantes dos cargos.

Na qualidade de manifestação de *poder*, o vocábulo *função* dá a ideia de que na defesa do interesse público primário *o Estado está autorizado a lançar mão de sua autoridade*, como reflexo da manifestação de sua soberania.

2. FUNÇÕES ESTATAIS SEGUNDO O CONSTITUCIONALISMO CLÁSSICO

O constitucionalismo clássico consagrou o modelo segundo o qual uma tríade de funções que haveriam de ser distribuídas dentre três órgãos estatais autônomos. Esse padrão foi idealizado em uma era na qual o Estado era tido como o maior inimigo da liberdade, de modo que sua participação na vida das pessoas deveria ser limitada a um mínimo necessário.

---

84 Diante desses limitadores, o professor Jorge Miranda ensina que *função estatal* é a "[...] atividade que o Estado desenvolve, mediante os seus órgãos e agentes, com vista a realização de tarefas e incumbências que, constitucional ou legalmente, lhe cabem". *Ibid.*, p.232.

85 O direito público contemporâneo "[...] gira em torno da ideia de dever". MELLO, Celso Antônio Bandeira de. *Discricionariedade e controle jurisdicional*. 2. ed. São Paulo: Malheiros, 1996, p.14.

Atualmente, um exame mais atento do enorme e sofisticado conjunto de atividades que devem ser desempenhadas pelos Estados contemporâneos conduz os estudiosos a uma sensação de desconforto, já que muitas dessas novas atribuições simplesmente não conseguem se adequar ao rígido modelo concebido por pensadores que viveram nos séculos XVII e XVIII[86].

2.1. A função legislativa

A função legislativa pode ser descrita como a "edição de regras gerais, abstratas, impessoais e inovadoras da ordem jurídica"[87]. O conteúdo dessa função não é estático, já que sua definição tem variado de acordo com o conceito de *lei* empregado em um dado momento histórico.

Considerada sob uma perspectiva *material*, a locução *função legislativa* designa o conjunto de procedimentos que resultam na manifestação da vontade estatal *soberana* do Estado,

---

86 "As funções de Estado vêm sofrendo transformações na exata medida em que o Estado assume novos contornos. Desse modo, a clássica separação de funções de cada um dos Poderes do Estado (Executivo, Legislativo e Judiciário) de há muito está superada. Observe-se que, com os primeiros sinais do intervencionismo estatal, próprios do Estado social (Contemporâneo), já ocorreram sensíveis alterações na esfera das relações entre os Poderes do Estado, mediante o deslocamento da esfera de tensão do Poder Legislativo para o Poder Executivo. Já no Estado Democrático de Direito, próprio do constitucionalismo do pós-guerra, tem-se nitidamente o deslocamento dessa esfera de tensão, passando do Poder Executivo e do Poder Legislativo para o Poder Judiciário [...]". STRECK, Lênio Luiz; MORAIS, José Luiz Bolzan de. *Ciência política e teoria do Estado.* 5. ed. Porto Alegre: Livraria do Advogado, 2006, p.179.

87 SILVA, José Afonso da. *Comentário contextual à Constituição.* 6.ed. São Paulo: Malheiros, 2009, p.43.

capaz de introduzir modificações originárias no ordenamento jurídico[88].

Se empregarmos o critério *formal-subjetivo*[89] podemos considerar como legislativa toda atividade desempenhada pelo parlamento, mediante a observância de um procedimento específico[90], ainda que o resultado final não seja a transformação do ordenamento jurídico.

O constitucionalismo clássico consagrou a ideia de que o Poder Legislativo é o único órgão estatal autorizado a editar atos normativos que introduzem modificações originárias no ordenamento jurídico[91], capazes de afetar a sociedade como um todo.

Tendo em vista a necessidade de contenção de abusos praticados no passado, concebeu-se que o exercício da função legislativa pelo Poder Executivo ou é feito ou de forma precária,

---

[88] "A edição de atos normativos primários, que instituem direitos e criam obrigações é função típica do Poder Legislativo. O art. 59 da Constituição Federal lista os instrumentos normativos compreendidos na regulação que o constituinte desenvolve nos dispositivos seguintes". MENDES, Gilmar Ferreira; Coelho, Inocêncio Mártires; BRANCO, Paulo Gustavo. *Curso de direito constitucional.* São Paulo: Saraiva: 2007, p.873.

[89] PIÇARRA, Nuno. *A separação dos poderes como doutrina e princípio constitucional: um contributo para o estudo das suas origens e evolução.* Coimbra: Coimbra Editora, 1989, p.249.

[90] HAMON, Francis, TROPER, Michel, BOURDEAU, Georges. *Droit constitutionnel.* 27. ed. Librairie Générale de Droit et de Jurisprudence, 2001, p.115.

[91] "O princípio da legalidade é uma nota essencial do Estado de direito. é também, por conseguinte, um princípio basilar do Estado democrático de direito, como vimos, porquanto é da essência de seu conteúdo subordinar-se à Constituição e funda-se na legalidade democrática. SILVA, José Afonso da. *Curso de direito constitucional positivo.* 22. ed. São Paulo: Malheiros, 2003, p.420.

como ocorre com as medidas provisórias, ou se presta a instrumentalizar a execução de instrumentos normativos primários previamente elaborados pelo Parlamento, como ocorre com os decretos e regulamentos.

Excepcionalmente, o inciso VI do art. 84 da Constituição Federal, com redação dada pela Emenda Constitucional 32/2001, confere ao chefe do Poder Executivo o poder de editar instrumentos normativos primários, que disponham sobre a administração pública federal, desde que não resulte em aumento de despesa nem na criação ou extinção de cargos públicos. O aludido dispositivo ainda autoriza o emprego de decretos para extinguir cargos ou funções quando vagos.

É necessário o registro de que sempre que um órgão supremo for autorizado a editar atos normativos primários seus efeitos devem se restringir ao âmbito do próprio poder.

Nesse sentido, a alínea a inciso I do art. 96 da Constituição confere aos tribunais o poder de elaborar e modificar seus regimentos internos, instrumentos normativos primários[92]. Os efeitos desses atos somente podem ser sentidos no âmbito do próprio órgão, o que nos permite inferir que eles só incidem sobre o restante da sociedade de forma *indireta*.

---

[92] Os regimentos internos dos Tribunais, editados com base no art. 96, I, *a*, da Constituição Federal, consubstanciam normas primárias de idêntica categoria às leis, solucionando-se eventual antinomia não por critérios hierárquicos mas, sim, pela substância regulada, sendo que, no que tange ao funcionamento e organização dos afazeres do Estado-Juiz, prepondera o dispositivo regimental. [HC 143.333, rel. min. Edson Fachin, j. 12-4-2018, P, *DJE* de 21-3-2019.]

É oportuno o registro de que os tribunais estão constitucionalmente autorizados a editarem normas que disponham sobre a competência e o funcionamento de seus órgãos jurisdicionais e administrativos, mas não têm competência para a edição de atos normativos de conteúdo processual, capazes de afetar as garantias do devido processo legal e do contraditório, como já decidiu o Supremo Tribunal Federal ao julgar a ADI 2.970[93].

Logo, podemos concluir que o exercício da função legislativa pelo Executivo e pelo Judiciário se dá da mesma forma que aquela feita pelo parlamento, pois as normas criadas por este não têm nem a mesma natureza nem o mesmo alcance daquelas criadas por aqueles órgãos supremos.

No entanto, considerado isoladamente, o critério formal é indiscutivelmente insuficiente para a definição da função legislativa, já que há muito a atividade de criação de comandos normativos deixou de ser uma atribuição exclusiva do Poder Legislativo. Prova disso são as inúmeras resoluções expedidas pelas autarquias regulamentadoras, como, por exemplo, a

---

[93] Com o advento da CF de 1988, delimitou-se, de forma mais criteriosa, o campo de regulamentação das leis e o dos regimentos internos dos tribunais, cabendo a estes últimos o respeito à reserva de lei federal para a edição de regras de natureza processual (CF, art. 22, I), bem como às garantias processuais das partes, "dispondo sobre a competência e o funcionamento dos respectivos órgãos jurisdicionais e administrativos" (CF, art. 96, I, "a"). São normas de direito processual as relativas às garantias do contraditório, do devido processo legal, dos poderes, direitos e ônus que constituem a relação processual, como também as normas que regulem os atos destinados a realizar a causa finalis da jurisdição. Ante a regra fundamental insculpida no art. 5º, LX, da Carta Magna, a publicidade se tornou pressuposto de validade não apenas do ato de julgamento do tribunal, mas da própria decisão que é tomada por esse órgão jurisdicional. [ADI 2.970, rel. min. Ellen Gracie, j. 20-4-2006, P, DJ de 12-5-2006.]

Agência Nacional de Telecomunicações, a Agência Nacional de Vigilância Sanitária, a Agência Nacional de Energia Elétrica e a Agência Nacional de Transportes Terrestres[94].

Por último, é necessário ressaltar que, com exceção daquelas entidades expressamente mencionadas no próprio texto constitucional, as agências reguladoras, na qualidade de meras entidades da administração indireta, não estão autorizadas a editarem atos normativos que venham a introduzir inovações originárias no ordenamento jurídico[95].

2.2. A função executiva

Ao longo dos anos, a comunidade jurídica criou o mito de que não haveria dificuldades para se definir o conteúdo da função executiva, uma vez que o verbo *executar*, quando aplicado a comandos normativos emitidos pelo Poder Legislativo, parece indicar uma atividade estatal autoexplicável, relacionada à chefia de Estado, de governo e de administração[96] ou a

---

[94] "A Constituição fez expressa referência a órgãos reguladores apenas para os setores de telecomunicações e de petróleo. Nos arts. 21, XI e 177, §2º, III, com a redação das Emendas Constitucionais 8/1995 e 9/1995, está prevista a criação, por lei de 'órgão regulador' para os serviços de telecomunicações e para o monopólio do petróleo". SILVA, Fernando Quadros da. *Agências reguladoras: um modelo em constante aperfeiçoamento. In* FREITAS, Cladimir Passos de, SILVA, Fernando Quadros da. (Orgs.). *Agências reguladoras no direito brasileiro.* São Paulo: Revista dos Tribunais, 2014, p.28.

[95] STUCHI, Carolina Gabas. *Regulação e desregulação diante dos princípios da Administração Pública. in* DI PIETRO, Maria Sylvia Zanella (org.). Direito regulatório. Belo Horizonte: Fórum, 2009, p.96.

[96] MORAES, Alexandre de. *Direito constitucional.* 21. ed. São Paulo: Atlas, 2009, p.468.

"execução de políticas públicas, fomento, gerenciamento e desenvolvimento da máquina administrativa"[97].

O exame mais cuidadoso da realidade nos permite inferir, todavia, que o significado da locução *função executiva* é de difícil apreensão, porquanto ela designa um conjunto de tarefas que, tendo em vista sua disparidade, só podem ser agrupadas por força de uma decisão política discricionária.

A partir de um ponto de vista *objetivo-material* podemos afirmar que a locução *função executiva* designa *qualquer* forma de atuação direta do Estado[98] que não possa ser classificada como jurisdicional ou legislativa. O emprego desse critério nos autoriza a inferir que, a rigor, a definição do conteúdo da função executiva tem sido feita por mera *exclusão*[99].

Por sua vez, caso lancemos mão do *critério formal-subjetivo* podemos classificar como executiva qualquer atividade desempenhada pelo poder homônimo.

Das três grandes funções estatais, consagradas pelo constitucionalismo clássico, a executiva é, certamente, a mais fluida, de modo que demanda uma maior atenção dos operadores jurídicos com o objetivo de melhor delimitá-la. A tarefa é

---

97 FERNANDES, Bernardo Gonçalves. *Curso de direito constitucional*. 3.ed. Rio de Janeiro: Lumen Juris, 2011, p.719.

98 HESSE, Konrad. *Elementos de direito constitucional da República Federal da Alemanha*. Porto Alegre: Fabris, 1998, p.397.

99 GUASTINI, Riccardo. *Estúdios de teoria constitucional*. 4.ed. Ciudad de Mexico, 2013, p.60.

enormemente dificultada ao se considerar que seu conteúdo tem variado de forma considerável com o decorrer dos anos[100].

Antes das Revoluções Burguesas dos séculos XVII e XVIII, o termo *executivo* era empregado para designar qualquer exercício de aplicação da lei, o que permitia que se estabelecesse uma confusão entre as atividades de gestão do reino com aquilo que hodiernamente conhecemos como função jurisdicional.

Decerto, na infância do Estado Moderno, em razão da forte influência da ideologia do Estado mínimo, o exercício da função executiva se materializava na prática de atos necessários à estrita concretização dos comandos contidos nas leis, o que poderia abranger a realização de atividades específicas, como o exercício do poder de polícia e da função regulamentar[101].

A partir de meados do século XIX, as inovações tecnológicas e as profundas mudanças nas estruturas das sociedades ocidentais forçaram os Estados a aumentarem e a diversificarem as formas de intervenção na vida de seus cidadãos. Esse movimento foi responsável pela alteração do conteúdo da expressão *função executiva*, pois nela foi inserido o imenso conjunto de ações desempenhadas com o objetivo de implementar soluções

---

100 "A ideia que se faz sobre a função executiva tem variado consideravelmente ao longo dos anos." HAMON, Francis, TROPER, Michel, BOURDEAU, Georges. *Droit constitutionnel*. 27. ed. Librairie Générale de Droit et de Jurisprudence, 2001, p.128. Tradução livre.

101 "No começo da Revolução Francesa, a função executiva era conhecida como uma função de execução estrita das leis. A tarefa das autoridades executivas consistia unicamente em fazer ações materiais e a dar as ordens necessárias à administração, além de algum poder regulamentar." HAMON, Francis; TROPER, Michel, *Ibid.*, p.128. Tradução livre.

eficientes e eficazes para os complexos desafios enfrentados pelas sociedades contemporâneas.

Com objetivos meramente didáticos, desdobraremos a função executiva em função de governo, função administrativa, defesa militar e manutenção de relações internacionais, que serão a seguir analisadas.

2.2.1. Função de Governo

A função de governo é, muitas vezes, tratada como função executiva em seu *sentido amplo* e se expressa na condução dos assuntos estatais e na tomada de decisões referentes à *criação e condução de políticas* (*policies*) estatais[102] de interesse da sociedade. Elas podem se manifestar, na prática, em *atos de planificação, direção e supervisão.*

Assim sendo, o aumento da sofisticação das intervenções estatais nas sociedades contemporâneas torna desnecessário um grande esforço para demonstrar que a função de governo não mais se resume à aplicação de leis a situações fáticas concretas[103].

2.2.2. Função administrativa

O exercício da função administrativa se manifesta na prática de atos que viabilizam o funcionamento da máquina

---

102 HAMON, Francis ; TROPER, Michel ; BOURDEAU, Georges. *Droit constitutionnel.* 27. ed. Librairie Générale de Droit et de Jurisprudence, 2001, p.130.

103 "Em conclusão, o Direito Constitucional contemporâneo, apesar de permanecer na tradicional linha de Tripartição de Poderes, já entende que esta fórmula, se interpretada com rigidez, tornou-se inadequada para um Estado que assumiu a missão de fornecer a todo o seu povo o bem-estar [...]". MORAES, Alexandre de. *Direito constitucional.* 24.ed. Atlas, 2009, p.411.

estatal, tais como aquisições de materiais, admissão de pessoal e formalização de contratos[104].

Para o professor José Joaquim Gomes Canotilho, a função administrativa

> [...] consiste na concretização e realização dos interesses públicos da comunidade, quer dando execução a decisões ou deliberações, constantes de actos Legislativos, actos de governo e actos de planificação, quer intervindo, conformadora ou ordenadoramente, na prossecução de fins (interesse público) individualizados na Constituição e nas leis[105].

A análise do conceito do célebre constitucionalista português nos permite perceber que, ao contrário do que nos aponta o senso comum, a função administrativa é exercida pelos três órgãos supremos, de forma indistinta.

2.2.3. Defesa contra ameaças internas e externas

A proteção da comunidade contra agressões internas e externas sempre foi uma das preocupações centrais dos governantes, especialmente os europeus, que viviam desassossegados pelas manobras sorrateiras de uma nobreza desejosa de poder ou pela cobiça de vizinhos nem sempre amistosos.

---

[104] "[...] é fácil perceber-se que a função administrativa, ao contrário dos atos citados, volta-se conforme a caracterização que lhe deram os autores adeptos deste critério, para a gestão concreta, prática, direta, imediata e portanto, de certo modo, rotineira dos assuntos da Sociedade, os quais, bem por isto, se acomodam muito confortavelmente dentro de um quadro legal pré-existente". MELLO, Celso Antônio Bandeira de. *Curso de direito administrativo*. 13.ed. São Paulo: Malheiros, 2001, p.34-35.

[105] CANOTILHO, José Joaquim Gomes. *Direito constitucional*. 6. ed. Coimbra: Almedina, 1993, p.756.

É necessário reparar que, diversamente das demais a função de defesa é caracterizada pelo elevado grau de discricionariedade da atuação dos agentes públicos, que precisam decidir, no calor dos acontecimentos, quais as melhores medidas a serem adotadas sem que isso traga consigo violação a direitos.

Apesar de não se manifestar como uma mera atividade de *execução da lei*, a defesa contra ameaças internas e externas tem sido considerada como de natureza executiva, por exclusão.

2.2.4. Manutenção de relações internacionais

A manutenção das relações internacionais é um desdobramento *sui generis* da função executiva, pois seu exercício não se limita à mera concretização de comandos gerais e abstratos ou à realização de atividades com o objetivo de solucionar os problemas concretos da coletividade.

O exercício da função de manutenção de relações com a comunidade internacional tem sido atribuído com preponderância ao Poder Executivo, como manifestação da chefia de Estado.

É preciso considerar ainda que a lentidão do processo de tomada de decisões pelo Legislativo não se harmoniza nem com a demanda por uma atuação rápida, nem com a manutenção de segredos – necessidades comuns no trato de assuntos de relevância para a comunidade internacional[106].

---

[106] Talvez por essa razão a atuação governamental no âmbito externo se sujeita a controles mais frouxos que a atuação no âmbito interno. GRILLO, Vera de Araújo. *A separação de poderes no Brasil: legislativo x executivo: uma análise a partir dos discursos dos Congressistas sobre assuntos de política externa de 1975 a 1985*. Itajaí: Univali, 2000, p.28.

Contudo, é necessário deixar claro que o Executivo não detém o monopólio do exercício de tal função, já que a Constituição Federal confere ao Congresso a competência para resolver definitivamente sobre tratados acordos ou atos internacionais que acarretem encargos ao patrimônio nacional.

Por fim, não podemos deixar de salientar que o Poder Judiciário[107] também participa da manutenção das relações com a comunidade internacional ao se manifestar sobre pedidos de extradição, cartas rogatórias e homologações de sentenças estrangeiras.

2.2.5. Função executiva *strictu sensu*

Essa função consiste no conjunto de atividades desenvolvidas pelo Estado com o objetivo de promover, de forma direta ou indireta, as incontáveis intervenções necessárias ao funcionamento das sociedades contemporâneas, tais como a geração e a transmissão de energia elétrica, o fornecimento de saúde e educação à população, a prestação de serviços relacionados à telefonia e a criação de um ambiente favorável ao desenvolvimento econômico, para citarmos alguns exemplos.

2.3. Função jurisdicional

De acordo com o critério *subjetivo*-formal, a função jurisdicional consiste no conjunto de atividades exercidas com exclusividade pelo Poder Judiciário[108].

---

[107] Constituição Federal art. 49, I.

[108] "A jurisdição hoje é monopólio do Poder Judiciário do Estado (art. 5º, XXXV). Anteriormente ao período moderno havia jurisdição que não dependia do Estado. Os senhores feudais tinham jurisdição dentro de seu feudo:

A adoção desse critério permite-nos inferir que quando um órgão do Poder Executivo profere uma decisão em um processo administrativo, ele não exerce função jurisdicional, mas função executiva *assemelhada* à jurisdicional. O mesmo se pode dizer dos julgamentos conduzidos pelo Poder Legislativo, como ocorre com os crimes de responsabilidade, previstos na Lei nº 1.079/1950.

Tendo em vista o emprego do critério *objetivo-material*, a doutrina tradicional consolidou o entendimento no sentido de que a atividade jurisdicional compreende a aplicação do direito a um caso concreto, com o objetivo de resolver um conflito de interesses[109], mediante a observância de um procedimento previsto em lei. Como resultado, obtém-se a coisa julgada material, que substitui a vontade das partes[110] e que não poderá ser anulada ou revogada mediante a intervenção dos demais órgãos supremos[111].

---

encontravam-se jurisdições feudais e jurisdições baronais. Lembre-se que os donatários das Capitanias Hereditárias no Brasil colonial dispunham da jurisdição civil e criminal nos territórios de seu domínio. No período monárquico brasileiro, tínhamos a jurisdição eclesiástica, especialmente em matéria de direito de família, a qual desapareceu com a separação entre igreja e Estado". SILVA, José Afonso da. *Curso de direito constitucional positivo.* 22. ed. São Paulo: Malheiros, 2003, p.554.

109 SILVA, José Afonso da. *Curso de direito constitucional positivo.* 22.ed. São Paulo: Malheiros, 2003, p.555.

110 BULOS, Uadi Lammêgo. *Curso de direito constitucional.* 4.ed. São Paulo: Saraiva, 2009, p.1122.

111 TAVARES, André Ramos. *Curso de direito constitucional.* 2. ed. São Paulo: Saraiva, 2003, p.868.

Fica claro que a *concepção tradicional* da atividade jurisdicional gira ao redor da ideia de lide ou litígio, entendidos como "conflito de interesses qualificado por uma pretensão resistida", de acordo com a célebre lição de Francesco Carnelutti[112].

No entanto, um exame mais detido da realidade nos permite inferir que no mundo contemporâneo a atividade jurisdicional é muito mais complexa do que a versão ingênua que nos é apresentada pela doutrina tradicional[113], porquanto que ela não mais se limita à resolução de conflitos de interesse mediante a aplicação do direito a casos concretos[114].

Essa mutação do conteúdo da atividade jurisdicional se deve, em grande parte, ao aumento da complexidade do mundo contemporâneo que vem aos poucos modificando o conceito de lei[115] que nos foi legado pelo constitucionalismo liberal.

Decerto, atualmente muitas manifestações do Poder Judiciário não mais se apresentam como atos *pessoais* e *específicos*, proferidos com o propósito de resolverem uma pretensão

---

[112] THEODORO JÚNIOR, Humberto. *Curso de direito processual civil: v.I.* 47.ed. Rio de Janeiro: Forense, 2016, p.39.

[113] Canotilho nos oferece uma visão mais abrangente da função jurisdicional ao afirmar que ela consiste em "[...] assegurar a defesa dos direitos e interesses juridicamente protegidos dos cidadãos, reprimir a violação da legalidade democrática e dirimir conflitos de interesses públicos e privados". CANOTILHO, José Joaquim Gomes. *Direito constitucional.* 6. ed. Coimbra: Almedina, 1993, p.759.

[114] SILVA, José Afonso da. *Curso de direito constitucional positivo.* 22. ed. São Paulo: Malheiros, 2003, p.108.

[115] ADEODATO, João Maurício. *Adeus à Separação de Poderes? In* NOVELINO, Marcelo (org.). *Leituras Complementares de Direito Constitucional – Teoria da Constituição.* Juspodivm: Salvador, 2009, p. 284.

resistida entre pessoas; elas se manifestam como verdadeiros atos normativos, caracterizados pela generalidade e pela abstração.

Recentemente, ao julgar a Ação Direta de Inconstitucionalidade por Omissão n.º 26, o Supremo Tribunal Federal decidiu que, até que o Congresso Nacional aprove lei sobre a matéria, os atos de homofobia e de transfobia devem ser classificados como crimes de racismo, ensejando a aplicação das sanções dispostas na Lei n. 7.716/1989[116].

E esse não é um caso isolado, pois os tribunais brasileiros têm proferido um grande número de decisões que não estão amparadas em atos normativos previamente editados pelo Parlamento. Isso significa que a pretensão da parte autora decorre da omissão legislativa, como ocorre com os mandados de injunção.

Todas essas novas formas de manifestação do exercício da função jurisdicional fazem com que seja necessário repensar seu conteúdo, já que não é mais aceitável que estabeleçamos uma relação inalterável entre função jurisdicional e lide ou que entendamos o exercício da função jurisdicional como um mero ato de aferição da subsunção dos fatos a um ato normativo previamente expedido pelo Legislativo. Dito de outra forma: há muito o Poder Judiciário deixou de ser apenas a *boca da lei*, como afirmara Montesquieu.

---

116 Disponível em: <http://www.stf.jus.br/portal/cms/verNoticiaDetalhe.asp?idConteudo=403689>. Acesso em: 13 de julho de 2019.

2.4. Da função fiscalizadora

A função fiscalizadora é dotada de um conteúdo único, que não pode se confundir com as demais. Isso porque ela não se manifesta nem na criação de normas gerais e abstratas nem na aplicação destas a casos concretos.

Essa função é exercida em uma fase posterior à criação ou à aplicação da lei a uma hipótese fática e se manifesta na análise de atos estatais quanto a sua legalidade, legitimidade e economicidade[117].

Curiosamente, essa função, apesar de sua indubitável relevância, não tem merecido maior atenção dos doutrinadores, talvez pelo fato de não haver sido prevista por Montesquieu, mas pelos pouco lidos tratadistas norte-americanos.

No Brasil, uma abreviada menção à função de fiscalização é encontrada no art. 70 da Carta Constitucional "[...] com os desdobramentos dos arts. 71 a 75 e sujeita aos princípios orçamentários consignados nos arts. 165 a 169[...]"[118].

A Carta Constitucional Brasileira dispõe que a função fiscalizadora será desempenhada mediante controles externos e internos de cada poder. O *controle externo* deverá ser exercido pelo Poder Legislativo, pela atuação conjunta de seus membros[119] e com o auxílio dos Tribunais de Contas. Esse controle

---

117 Art. 70 da Constituição Federal.

118 SILVA, José Afonso da. *Comentário contextual à Constituição*. 6.ed. São Paulo: Malheiros, 2009, p.759.

119 "A fiscalização legislativa da ação administrativa do Poder Executivo é um dos contrapesos da Constituição Federal à separação e independência dos Poderes: cuida-se, porém, de interferência que só a Constituição da República pode

consiste na fiscalização contábil, financeira, orçamentária, operacional e patrimonial de cada ente federado e das entidades da administração direta e indireta, quanto à legalidade, legitimidade, economicidade, aplicação das subvenções e renúncia de receitas.

No desempenho da função fiscalizadora, o Poder Legislativo poderá ainda convocar ministros de Estado, secretários estaduais ou municipais ou titulares de órgãos diretamente subordinados à Presidência da República, ao Governo do Estado ou ao Governo Municipal para que prestem, pessoalmente, informações sobre assunto previamente estabelecido, podendo, se o Legislativo o preferir, deles requerer informações por escrito[120].

Ainda em decorrência do exercício da função fiscalizadora, poderá o Legislativo criar comissões parlamentares de inquérito, dotadas dos poderes de investigação próprios das autoridades judiciais, com o objetivo de apurar fato determinado. As conclusões devem ser encaminhadas ao Ministério

---

legitimar. Do relevo primacial dos 'pesos e contrapesos' no paradigma de divisão dos poderes, segue-se que à norma infraconstitucional - aí incluída, em relação à Federal, a constituição dos Estados-Membros -, não é dado criar novas interferências de um Poder na órbita de outro que não derive explícita ou implicitamente de regra ou princípio da Lei Fundamental da República. O poder de fiscalização legislativa da ação administrativa do Poder Executivo é outorgado aos órgãos coletivos de cada câmara do Congresso Nacional, no plano federal, e da Assembléia Legislativa, no dos Estados; nunca, aos seus membros individualmente, salvo, é claro, quando atuem em representação (ou presentação) de sua Casa ou comissão." (ADI 3.046, Rel. Min. Sepúlveda Pertence, julgamento em 15-4-2004, Plenário, *DJ* de 28-5-2004)

[120] MENDES, Gilmar Ferreira; COELHO, Inocêncio Mártires; BRANCO, Paulo Gustavo. *Curso de direito constitucional*. São Paulo: Saraiva: 2007, p.857.

Público para que este promova a responsabilização criminal, cível e administrativa dos infratores, conforme o que dispõe o §3º do art. 58 da Carta Constitucional em vigor, se for o caso.

Tendo em vista a inafastabilidade do princípio da simetria no exercício da função fiscalizadora, Estados e Municípios deverão aplicar o mesmo modelo e os mesmos instrumentos previstos para os órgãos e entidades federais. Diante dessa premissa podemos depreender que esses entes federados não estão autorizados a criarem novos instrumentos de fiscalização.

3. FUNÇÕES TÍPICAS E ATÍPICAS

O modelo brasileiro de separação de poderes foi erigido sobre o princípio basilar segundo o qual a atuação dos poderes deve-se dar de tal forma que todos os órgãos supremos estariam incumbidos da realização de *todas* as funções mencionadas por Montesquieu.

No entanto, a doutrina que as atividades estatais não seriam realizadas da mesma forma ou dotadas do mesmo peso ou importância. A distribuição das funções devia se dar de modo que cada órgão de poder estaria incumbido da realização de uma atribuição primária ou preponderante e outras duas secundárias[121].

---

[121] "[...] incumbe ao Executivo como função principal, por exemplo, a administração da coisa pública, ao passo que, como função secundária, julgar (através, dentre outros, do Tribunal Marítimo, do Conselho de Contribuintes etc.) e mesmo legislar (através dos chamados atos administrativos normativos, como são exemplos os decretos presidenciais). De igual modo, incumbe ao Legislativo, como função principal, criar o direito positivo infraconstitucional, e, como funções secundárias, julgar (através, por exemplo, do Tribunal de Contas) e

No entanto, uma análise mais detida da atuação e das complexas relações entre os órgãos supremos não mais permite que as atribuições estatais sejam agrupadas em das funções em típicas e atípicas[122], porquanto cada órgão supremo deverá participar do processo de formação da vontade estatal de acordo com os limites estabelecidos pela Carta Constitucional.

É preciso notar que a ideia de funções típicas e atípicas não leva em conta a ocorrência de, pelo menos, dois fenômenos: a constatação de que as funções não são exercidas por todos os órgãos da mesma forma; e o fato de que o exercício das funções estatais dá-se, necessariamente, em um ambiente cooperativo.

4. CRÍTICAS À TRICOTOMIA DAS FUNÇÕES ESTATAIS

Ao iniciarmos uma breve e indulgente a crítica à tricotomia das funções estatais, devemos levar em conta que o exame das obras de Montesquieu e de Locke revela que os autores não tiveram a "[...] pretensão de compreender e descrever exaustivamente as funções estatais"[123].

---

administrar (contratando diretamente pessoal, procedendo a licitações etc.). Finalmente, no âmbito do Judiciário, incumbe a este Poder, como função principal, a aplicação da lei (julgar), e, como funções secundárias, legislar (criação de regimentos internos dos tribunais, por exemplo) e administrar (contratando pessoal, procedendo a licitações etc.)". FRIEDE, Reis. *Curso analítico de direito constitucional e teoria do Estado.* 4.ed. Rio de Janeiro: Forense, 2005, p.213.

122 HESSE, Konrad. *Elementos de direito constitucional da República Federal da Alemanha.* Porto Alegre: Fabris, 1998, p.376.

123 PIÇARRA, Nuno. *A separação dos poderes como doutrina e princípio constitucional: um contributo para o estudo das suas origens e evolução.* Coimbra: Coimbra Editora, 1989, p.247.

Essa afirmação parte da constatação de que esses pensadores atuaram com o claro propósito de *resolverem problemas* pontuais das sociedades nas quais estavam inseridos, mediante a concepção de um complexo conjunto de institutos voltados à maximização da *liberdade individual*, concebidos com o propósito de estabelecerem limites jurídicos à atuação estatal - e nisso foram indiscutivelmente vitoriosos.

Decerto, as ideias de Locke e Montesquieu permitiram a distribuição das funções estatais por diversos órgãos supremos desempenharam um importantíssimo papel na concepção de instrumentos de contenção do poder político.

Porém, não é possível realizar uma singela transposição de ideias concebidas no período compreendido entre meados do século XVII e a primeira metade do século XVIII para o mundo contemporâneo sem que sejam feitas muitas adaptações, considerando, especialmente, que ao longo dos anos houve um significativo aumento da complexidade e do número de atividades desempenhadas pelo poder público[124].

A aplicação do modelo clássico de separação de poderes à realidade suscita diversos problemas que demandam uma reflexão mais cuidadosa. Neste trabalho limitaremos nossa análise a algumas questões capazes de gerar perplexidade naqueles que se debruçam sobre o assunto: a) A tricotomia das funções não é determinada por critérios racionais; b) não há *um rol taxativo de funções* estatais; c) Há atividades estatais que não se

[124] "[...] esta tripartição não esgota, em nossos dias, as actividades do Estado ou não se reflecte com suficiente clareza e homogeneidade". MIRANDA, Jorge. *Teoria do Estado e da Constituição.* Rio de Janeiro: Forense, 2007, p.237.

subsumem aos tipos puros; e d) as funções estatais devem ser *exercidas* em um ambiente de cooperação.

4.1. A tripartição das funções não é determinada por critérios racionais

Podemos tomar como ponto de partida a constatação de que a *classificação tricotômica das funções estatais não obedece a uma demanda lógica ou científica*, mas é determinada por razões históricas e ideológicas[125].

Decerto, a doutrina registra que a tricotomia das funções estatais foi uma ideia fortemente influenciada pelas antigas concepções de *constituição mista*, definida por Aristóteles como a situação na qual o poder político era exercido de forma compartilhada por representantes dos vários grupos ou classes integrantes da sociedade. Como resultado, "[...] o exercício da soberania ou o governo, em vez de estar nas mãos de uma única parte constitutiva da sociedade, é comum a todas"[126].

Séculos mais tarde, Tomás de Aquino adaptou o conceito aristotélico ao universo medieval, o que permitiu a consagração do entendimento de que o exercício do poder político somente seria legítimo se fosse compartilhado entre os monarcas, os aristocratas e o povo[127].

---

125 HAMON, Francis, TROPER, Michel, BOURDEAU, Georges. *Droit constitutionnel*. 27. ed. Librairie Générale de Droit et de Jurisprudence, 2001, p.114.

126 PIÇARRA, Nuno. *A separação dos poderes como doutrina e princípio constitucional: um contributo para o estudo das suas origens e evolução*. Coimbra: Coimbra Editora, 1989, p.33.

127 ZIPPELIUS, Reinhold. *Teoria Geral do Estado*. São Paulo: Saraiva, 2016, p.209.

Uma análise comparativa da proposição de constituição mista de Tomás de Aquino com os três estamentos que tinham assento nas assembleias gerais - primeiro, segundo e terceiro estados - permite-nos deduzir que, após as adaptações necessárias, as ideias do Doutor Angélico estavam plenamente incorporadas à sociedade francesa do século XVIII. Assim, é possível inferir que nessa tríade de estamentos encontramos a inspiração de Montesquieu, que acabou por influenciar o modelo de tripartição de órgãos e funções que se difundiu pelo mundo contemporâneo.

Apesar de sua amplíssima aceitação, a tricotomia das funções estatais encontra resistência em autores de peso, como Hans Kelsen, que defende que as funções estatais, na verdade, se limitam a *duas*. Esse entendimento se funda na premissa de que a maior parte das atividades desempenhadas pelo Estado se resume à *criação* ou à *aplicação* do direito[128].

De qualquer forma, a influência da doutrina clássica da separação de poderes é tamanha que poucos Estados ousaram abandonar o modelo, como o fez a constituição Venezuelana de 1999 que, além do Poder Legislativo, do Executivo e do Judiciário, concebeu a existência do *Poder Cidadão e do Poder Eleitoral.*

---

[128] "[...] Outros, como Cristofolini e Luiz Eulálio de Bueno Vidigal, chegam à conclusão de que não há, realmente, distinção entre jurisdição e administração. Existem, na verdade, apenas duas funções de Estado, que são a legislação e a aplicação da lei, e esta se desdobra em administração e jurisdição". SILVA, José Afonso da. *Curso de direito constitucional positivo*. 22. ed. São Paulo: Malheiros, 2003, p.555.

4.2. Da inexistência de um rol taxativo de funções estatais

As ideias de Montesquieu reunidas em o *Espírito das Leis* só fazem sentido se considerarmos que a doutrina clássica da separação de poderes foi concebida como um manifesto contra o Estado absolutista. Somente assim podemos afirmar que a teoria foi concebida com o claro objetivo de ampliar o espaço de liberdade individual mediante a concepção de um sistema no qual a intervenção estatal seria reduzida a um mínimo necessário.

No entanto, a análise da realidade demonstra que a *crescente complexidade das sociedades contemporâneas* tem tornado necessária a reavaliação dos papéis desempenhados pelo Estado[129], de modo que não é mais defensável a ideia de que a atuação deste se limita a legislar, julgar e executar.

Decerto, com o passar dos séculos o Estado passou a desempenhar atividades que no tempo de Montesquieu somente poderiam ser consideradas como ficção científica, tais como a imunização da população, a prestação de serviços de telefonia e a geração e a transmissão de energia elétrica. Essas profundas transformações no número e na forma de desempenhar serviços públicos deixam evidente que as funções estatais não mais podem ser encerradas em um rol taxativo, rígido, que não permite ampliações.

---

129 "Só pelo estudo sistemático é que se poderá chegar a uma conclusão sobre as funções que verdadeiramente exerce cada um dos órgãos previstos constitucionalmente, e que não se restringem mais a apenas três (assim, ter-se-ia a função administrativa, a governativa ou política, a judicial, a legislativa, a de controle, etc.)". TAVARES, André Ramos. *Curso de direito constitucional.* 2. ed. São Paulo: Saraiva, 2003, p.865.

4.3. Da existência de atividades estatais que não se encaixam nos tipos puros

A dificuldade de se determinar, com precisão, o número de funções estatais é agravada pela constatação de que o exame do ordenamento constitucional revela a existência de atividades que não se enquadram a um dos três tipos puros propostos pela doutrina clássica[130].

Com efeito, devemos considerar que a *classificação por exclusão* não é orientada por critérios racionais, mas por mero apego à tradição. A veracidade dessa assertiva pode ser aferida ao constatarmos que não podemos considerar como executivas todas as atividades de aplicação de normas a situações fáticas concretas.

Podemos exemplificar o que foi dito acima com a análise de algumas atividades desempenhadas pelos órgãos de poder, tais como: a escolha de ministros dos Tribunais Superiores, as deliberações de natureza militar e a manutenção de relações com a comunidade internacional. Todas essas atribuições estatais são tradicionalmente classificadas como *executivas*, sob o frágil argumento de que não apresentam conteúdo Legislativo ou jurisdicional perfeitamente delimitado.

---

[130] "Otto Mayer, na obra *Direito Administrativo Alemão,* além das funções legislativa, executiva e judicial, elenca uma série de outras funções que não se ajustariam em qualquer dos três Poderes, dentre as quais podemos citar (i) as atividades auxiliares do direito constitucional que têm por escopo promover o funcionamento da Constituição; (ii) atividades em que o Estado sai de sua esfera de ordem jurídica para o cumprimento de seus fins, como, por exemplo, a assinatura de tratados internacionais; (iii) a guerra declarada a outros Estados soberanos e a guerra civil, que se submeteriam ao direito consuetudinário; (iv) a luta contra um motim, por estar alocada fora da ordem legal ordinária; (v) medidas extraordinárias do chefe do Poder Executivo que tenham, provisoriamente, força de lei; etc.". ZANCANER, Gabriela. *As competências do poder Legislativo e as comissões parlamentares.* São Paulo: Malheiros, 2009, p.30-31.

4.4. Do exercício interativo das funções estatais

Por fim, é necessário levar em conta que o constitucionalismo contemporâneo concebeu um modelo de atuação institucional fundado sobre a premissa de que as funções estatais não são exercidas com exclusividade por cada um dos poderes, uma vez que grande parte das atribuições dos órgãos supremos só podem ser desempenhadas em um *ambiente cooperativo.*

Tome-se como exemplo o desempenho da função legislativa. Uma leitura afoita poderia conduzir à falsa conclusão no sentido de que o Órgão Supremo homônimo estaria autorizado a cumpri-la com exclusividade. Nesse quadro, o Poder Executivo e o Judiciário seriam meros coadjuvantes do processo de criação de comandos normativos.

Um exame mais atendo do texto constitucional não corrobora essa visão simplificada da realidade, já que na maioria das vezes a atividade de criação de instrumentos normativos primários só conseguirá ser levada a cabo em um ambiente de colaboração entre o Legislativo e o Executivo mediante sanção, veto ou pela iniciativa exclusiva[131].

É possível concluir, assim, que a interpenetração das atividades desempenhadas pelo Estado muitas vezes dificulta o estabelecimento de fronteiras bem delimitadas entre as atribuições dos diversos órgãos estatais supremos.

---

[131] Além disso, a Carta Constitucional prevê muitas hipóteses em que a iniciativa do processo Legislativo é atribuída com exclusividade a outro órgão de Poder, como ocorre, por exemplo, com leis que versem sobre o Estatuto da Magistratura, nos termos do art. 93 da Carta, ou das leis de iniciativa exclusiva do Presidente da República.

4
ÓRGÃOS ESTATAIS

1. INTRODUÇÃO

Por ser uma construção do gênio humano, o Estado existe apenas no mundo das ideias, de modo que não é dotado de autonomia existencial ou psicológica[132]. Por essa razão, podemos afirmar que ele é incapaz de ter desejos ou querer.

Considerando que o Estado é incapaz de, por si só, ter ou manifestar sua vontade[133] Otto Von Gierke concebeu que ela somente poderá ser exteriorizada mediante a atuação de indivíduos lotados em unidades organizacionais desprovidas de personalidade jurídica que vieram a receber a denominação de *órgãos*[134].

Após essas considerações preambulares, podemos definir *órgão* como núcleo de competência inserido na estrutura

---

132 JUSTEN FILHO, Marçal. *Curso de direito administrativo.* São Paulo: Saraiva, 2005, p.92.

133 SILVA, José Afonso da. *Curso de direito constitucional positivo.* 22. ed. São Paulo: Malheiros, 2003, p.107.

134 MIRANDA, Jorge. *Teoria do Estado e da Constituição.* Rio de Janeiro: Forense, 2007, p.256.

do Estado e dotado da capacidade de exteriorizar a vontade deste ao cumprir certa "[...] função determinada pela ordem jurídica"[135].

2. ÓRGÃOS ESTATAIS E COMPETÊNCIA

Com o objetivo de atribuir um valor máximo à liberdade individual, Montesquieu concebeu um modelo de organização estatal no qual o poder político haveria de ser distribuído dentre três órgãos estatais independentes, de modo que cada um deles estivesse incumbido do cumprimento de um conjunto de atribuições específicas.

Esse sofisticado sistema de repartição de tarefas entre órgãos supremos permite que cada um dos poderes seja capaz de exercer uma parcela do poder estatal, mas não sua totalidade[136]. A esse conjunto de atribuições, alocadas segundo critérios de especialização, dá-se o nome de *competência.*

Com fins meramente didáticos, podemos desdobrar o instituto da competência para que ele seja analisado sob uma dupla perspectiva: a *positiva* e a *negativa.*

Em seu aspecto *positivo*, a competência designa *autorização para atuar*, ou seja, um poder-dever conferido aos órgãos estatais para que estes estejam em condições de cumprir as funções que lhes foram atribuídas.

---

[135] KELSEN, Hans. *Teoria geral do direito e do estado.* 3. ed. São Paulo: Martins Fontes, 1998, p.277.

[136] MELLO, Celso Antônio Bandeira de. *Curso de direito administrativo.* 13.ed. São Paulo: Malheiros, 2001, p.132.

Por sua vez, do ponto de vista *negativo*, a competência se materializa na *imposição de limites* jurídicos objetivos, previamente conhecidos, à atuação dos órgãos supremos.

Considerando que os órgãos estatais somente estão autorizados a agir nos estreitos limites traçados pelo ordenamento jurídico, podemos inferir que a competência é um instituto que apresenta uma função dúplice, pois além de servir como *instrumento de balizamento do poder político*, ela se presta a conferir um certo grau de *racionalidade* e *operacionalidade* à atuação do Estado.

Tendo em vista a necessária observância do princípio republicano, devemos considerar que as ações dos órgãos supremos devem estar voltadas à persecução do interesse público primário, o que nos autoriza a concluir que "nem o Estado nem [...] seus órgãos e agentes dispõem de competências para auto-satisfação"[137].

3. CLASSIFICAÇÃO DOS ÓRGÃOS ESTATAIS CONFORME SUA HIERARQUIA

3.1. Órgãos supremos

Os órgãos supremos são aqueles que, cumulativamente, reúnem as seguintes características: a) têm previsão expressa no texto constitucional; b) são dotados de autonomia administrativa e financeira; e c) são capazes de manifestar a vontade soberana do Estado.

---

[137] *Ibid.*, p.133.

A *previsão constitucional* é a característica que mais se evidencia na identificação da supremacia de um órgão estatal. No entanto, é necessário notar que o simples fato de ser mencionado no corpo da Constituição não confere a qualquer órgão estatal a qualidade de supremo. Decerto, há órgãos que, a despeito de serem expressamente citados no texto constitucional, não merecem essa adjetivação, como ocorre com o Ministério Público, Tribunais de Contas, Defensoria Pública e Advocacia Pública.

A *autonomia administrativa e financeira* é, igualmente, um elemento importante para que se possa atribuir a qualidade de supremo a um órgão estatal, já que ela impede a prática de qualquer ato de interferência externa no funcionamento dos poderes.

Esse foi o entendimento adotado pelo Supremo Tribunal Federal ao julgar a ADI n. 1.578[138], na qual a Associação dos Magistrados Brasileiros questionou a validade da Lei Alagoana n. 5.913/97. Este ato normativo criou a Central de Pagamento de Salários do Estado de Alagoas - CPSAL, órgão dotado da atribuição de gerenciar os recursos financeiros destinados ao

---

[138] "Ação Direita de Inconstitucionalidade. Lei n. 5.913/1997, do Estado de Alagoas. Criação da Central de Pagamentos de Salários do Estado. Órgão externo. Princípio da separação de poderes. Autonomia financeira e administrativa do Poder Judiciário. (...) A ingerência de órgão externo nos processos decisórios relativos à organização e ao funcionamento do Poder Judiciário afronta sua autonomia financeira e administrativa. A presença de representante do Poder Judiciário na Central de Pagamentos de Salários do Estado de Alagoas - CPSAL não afasta a inconstitucionalidade da norma, apenas permite que o Poder Judiciário interfira, também indevidamente, nos demais Poderes." (ADI 1.578, Rel. Min. Cármen Lúcia, julgamento em 4-3-2009, Plenário, DJE de 3-4-2009)

pagamento da remuneração dos servidores dos três poderes. A Lei dispunha que o Conselho Diretivo do aludido órgão seria composto por representantes dos Poderes Executivo, Legislativo e Judiciário, além do Ministério Público e do Tribunal de Contas.

Ao analisar o caso, o Supremo Tribunal Federal concluiu que a Lei estadual n. 5.913/97 violava a autonomia financeira do Poder Judiciário, razão pela qual o ato normativo atacado acabou sendo declarado inconstitucional.

Por fim, mas não menos importante, outra característica que permite atribuir qualidade de supremo a um órgão estatal e a *capacidade de expressar a vontade soberana do Estado*. Isso significa que o órgão deve ser autorizado pela Constituição a introduzir inovações originárias no ordenamento jurídico.

Assim, de acordo com o constitucionalismo clássico, no desempenho de suas funções institucionais o Legislativo pode conduzir o processo de criação de leis, o Executivo está autorizado a conceber e a executar políticas públicas de governo e os órgãos do Judiciário, por sua vez, são dotados da competência para prolatar decisões definitivas em feitos que são submetidos a sua análise. Todas essas manifestações exprimem a vontade soberana do Estado, de forma que, caso estejam em conformidade com o ordenamento jurídico, não são passíveis de reforma ou anulação por decisões tomadas pelos demais órgãos de poder[139].

---

[139] Desnecessário observar que a inalterabilidade das decisões prolatadas pelos órgãos supremos está indissociavelmente condicionada à existência de uma relação harmônica entre o comando emanado e a ordem jurídica vigente, especialmente as disposições contidas na Carta Constitucional.

3.2. Órgãos dependentes

Os órgãos dependentes são aqueles que se situam em um plano hierárquico inferior aos órgãos supremos e são dotados de "[...] uma parcela de atribuições para decidir os assuntos que lhe são afetos"[140].

São características dos órgãos dependentes: a) a inferioridade hierárquica em relação aos órgãos supremos; e b) a impossibilidade de que suas manifestações alterem o ordenamento jurídico.

A inferioridade hierárquica dos órgãos dependentes decorre do fato de que sua atuação é meramente instrumental. Dito de outra forma, tais órgãos são criados com o objetivo de dar concretude a comandos emanados de órgãos supremos.

De qualquer forma, a característica mais distinta dos órgãos dependentes é o fato de não serem eles capazes de inserirem inovações no ordenamento jurídico. Isso significa que para ser válida sua atuação deve estar amparada em manifestações previamente emitidas por um dos três poderes[141].

4. OS QUASE PODERES

4.1. O Ministério Público

A Carta de 1988 conferiu ao Ministério Público uma posição inédita de destaque na história do constitucionalismo

---

140 MELLO, Celso Antônio Bandeira de. *Curso de direito administrativo.* 13.ed. São Paulo: Malheiros, 2001, p.129.

141 SILVA, José Afonso da. *Curso de direito constitucional positivo.* 22. ed. São Paulo: Malheiros, 2003, p.107.

brasileiro, especialmente se considerarmos que a "instituição mal era mencionada em outros diplomas constitucionais"[142].

Nos termos do que dispõe o caput do art. 127 da Constituição, o Ministério Público é reputado como órgão permanente e essencial ao exercício da função jurisdicional. A ele cabe o desempenho de atribuições imprescindíveis ao bom funcionamento da sociedade brasileira, tais como a defesa da ordem jurídica, do regime democrático e dos interesses sociais e individuais indisponíveis.

A Carta Constitucional em vigor conferiu ao Ministério Público uma posição única no sistema, pois se ele não pode ser classificado como órgão supremo, também é certo que ele não poderá ser considerado como órgão dependente, já que não está vinculado a nenhum dos três poderes.

É oportuna a lembrança de que o professor José Afonso da Silva manifesta seu entendimento no sentido de que o Ministério Público é um órgão *vinculado* ao Poder Executivo. A defesa de sua tese leva em consideração que "[...] suas atribuições, mesmo ampliadas aos níveis acima apontados, são ontologicamente de natureza executiva, sendo, pois, uma instituição vinculada ao Poder Executivo [...]"[143].

Inobstante a indiscutível genialidade desse que é, com justiça, considerado como um dos mais renomados

---

[142] MENDES, Gilmar Ferreira; Coelho, Inocêncio Mártires, BRANCO, Paulo Gustavo. *Curso de direito constitucional.* São Paulo: Saraiva: 2007, p.992.

[143] "Ainda assim não é aceitável a tese de alguns que querem ver na instituição um quarto poder do Estado, porque suas atribuições, mesmo ampliadas aos níveis acima apontados, são ontologicamente de natureza executiva, sendo, pois, uma

constitucionalistas brasileiros, entendo que seu posicionamento não me parece estar em harmonia com o desenho institucional contido na Carta Política vigente. Chego a essa conclusão partindo da premissa segundo a qual a Constituição Federal criou o Ministério Público como um órgão autônomo, desvinculado de qualquer poder, a fim de que este pudesse ser livre para perseguir suas finalidades institucionais com isenção plena. Por tais razões, tomo por correto o entendimento de Moraes, para quem "[...] o Ministério Público é um órgão extrapoder, ou seja, não depende de nenhum dos poderes de Estado, não podendo nenhum de seus membros receber instruções vinculantes de nenhuma autoridade pública" [144].

O art. 128 da Carta Constitucional dispõe que o Ministério Público se organiza em dois grandes ramos: o Ministério Público da União e o Ministério Público dos Estados.

O Ministério Público da União compreende: o Ministério Público Federal; o Ministério Público do Trabalho; o Ministério Público Militar e o Ministério Público do Distrito Federal e dos Territórios.

Por fim, é preciso deixar claro que apesar de o §2º do art. 127 da Carta Constitucional brasileira haver atribuído ao Ministério

---

instituição vinculada ao Poder Executivo, funcionalmente independente, cujos membros integram a categoria dos *agentes políticos*, e, como tal, hão de atuar 'com plena liberdade funcional, desempenhando suas atribuições com prerrogativas e responsabilidades próprias, estabelecidas na Constituição e em leis especiais'". SILVA, José Afonso da. *Curso de direito constitucional positivo.* 22. ed. São Paulo: Malheiros, 2003, p.598.

144 MORAES, Alexandre de. *Direito constitucional.* 21. ed. São Paulo: Atlas, 2009, p.605.

Público autonomia funcional e administrativa, ela não lhe conferiu competência para prolatar decisões que pudessem introduzir inovações no ordenamento jurídico. Como resultado, a concretização das ações do Ministério Público depende, em grande parte, de decisão proferida pelo Poder Judiciário.

4.2. Os tribunais de contas

De acordo com a Carta Constitucional de 1988, a fiscalização contábil, financeira e orçamentária é uma atribuição do Poder Legislativo, que deve desempenhá-la com o auxílio dos Tribunais de Contas.

Antes de seguirmos adiante, é necessário esclarecer que esses órgãos, a despeito de serem chamados de *tribunais*, prolatam decisões que não se revestem de natureza jurisdicional[145].

De outra forma não poderia ser, já que não pode haver dúvidas de que a Carta Política de 1988 conferiu às cortes de contas a qualidade de órgãos dependentes *vinculados* ao Poder Legislativo.

Apesar disso, a Constituição conferiu ao Tribunal de Contas da União as mesmas prerrogativas asseguradas ao Poder Judiciário[146], que se encontram arroladas no Art. 96[147].

---

145 SILVA, José Afonso da. *Comentário contextual à Constituição*. 6.ed. São Paulo: Malheiros, 2009, p.464.

146 Art. 73. O Tribunal de Contas da União, integrado por nove Ministros, tem sede no Distrito Federal, quadro próprio de pessoal e jurisdição em todo o território nacional, exercendo, no que couber, as atribuições previstas no art. 96.

147 Art. 96. Compete privativamente:
I - aos tribunais:
a) eleger seus órgãos diretivos e elaborar seus regimentos internos, com observância das normas de processo e das garantias processuais das partes, dispondo

Dessa forma, as cortes de contas estão autorizados a:

> eleger seus órgãos diretivos, elaborar seu regimento interno; dispor sobre a competência e o funcionamento dos respectivos órgãos administrativos; organizar sua secretaria e serviços auxiliares; prover, por concurso público de provas, ou de provas e títulos, obedecido o disposto no art. 169, parágrafo único, os cargos necessários à administração de seus órgãos, salvo quanto ao concurso, os de confiança assim definidos em lei; conceder licença, férias e outros afastamentos a seus membros e servidores que lhe sejam subordinados; e propor ao Congresso Nacional a criação e a extinção de cargos e a fixação de vencimentos de seus membros, e de seus serviços auxiliares (art. 73 c/c o art. 96)[148].

sobre a competência e o funcionamento dos respectivos órgãos jurisdicionais e administrativos;
b) organizar suas secretarias e serviços auxiliares e os dos juízos que lhes forem vinculados, velando pelo exercício da atividade correicional respectiva;
c) prover, na forma prevista nesta Constituição, os cargos de juiz de carreira da respectiva jurisdição;
d) propor a criação de novas varas judiciárias;
e) prover, por concurso público de provas, ou de provas e títulos, obedecido o disposto no art. 169, parágrafo único, os cargos necessários à administração da Justiça, exceto os de confiança assim definidos em lei;
f) conceder licença, férias e outros afastamentos a seus membros e aos juízes e servidores que lhes forem imediatamente vinculados;

148 SILVA, José Afonso da. *Curso de direito constitucional positivo.* 22. ed. São Paulo: Malheiros, 2003, p.754.

5
A SEPARAÇÃO DE PODERES NA CONSTITUIÇÃO DE 1988

1. INTRODUÇÃO

Como visto nos capítulos anteriores, a técnica da distribuição das funções estatais dentre diversos órgãos autônomos se consagrou como um dos principais mecanismos de limitação dos poderes do Estado[149].

De acordo com essa técnica, as funções estatais devem ser distribuídas dentre diversos órgãos supremos dotados de autonomia. Além disso, é preciso que o sistema contenha mecanismos que permitam o exercício de um controle jurídico e político das manifestações dos atos estatais, de forma que o poder possa ser contido pelo próprio poder[150].

No entanto, é necessário chamar a atenção do leitor para o fato de que os mecanismos de repressão aos abusos praticados

---

[149] HESSE, Konrad. *Elementos de direito constitucional da República Federal da Alemanha*. Porto Alegre: Fabris, 1998, p.368.

[150] BARROSO, Luís Roberto. *Curso de direito constitucional contemporâneo: os conceitos fundamentais e a construção do novo modelo*. 2.ed. São Paulo: Saraiva, 2011, p.174.

pelos agentes estatais não têm sido os mesmos em todos os lugares e em todas as épocas. Com isso, podemos afirmar que os modelos inglês, francês e norte-americano devem ser considerados como modelos arquetípicos concebidos com o propósito de solucionar problemas próprios de sociedades europeias dos séculos XVII e XVIII.

Isso significa que o emprego desses modelos às sociedades contemporâneas somente poderá ser levado a cabo caso sejam feitas as adaptações necessárias.

Tais considerações preliminares permitem concluir que a compreensão das relações entre os órgãos de poder em uma dada sociedade deverá necessariamente passar pela análise do tratamento dado pelo texto constitucional ao sistema de distribuição das funções a cada um de seus órgãos supremos[151].

2. A SEPARAÇÃO DE PODERES NAS CONSTITUIÇÕES BRASILEIRAS

Um dos grandes problemas do constitucionalismo contemporâneo não é a *declaração* da adoção do modelo de separação orgânica e funcional dos órgãos supremos, mas a sua efetiva concretização.

Essa assertiva se justifica diante da constatação de que, apesar de muitas constituições brasileiras terem feito menção

---

[151] "What counts is not any abstract theory of separation of powers, bur the actual separation of powers 'operationally defined by the constitution'". TRIBE, Laurence H. *American constitutional law.* New York: Foundation Press, 2000, p.127.

expressa à existência de um sistema de separação de poderes, a imposição de limites jurídicos à atuação dos órgãos estatais nem sempre foi feita de forma satisfatória.

No Brasil, o modelo de separação de poderes foi introduzido com a outorga da Carta Constitucional de 1824[152]. No entanto, curiosamente, não foi adotada a tripartição clássica de Montesquieu, mas um modelo concebido por Benjamin Constant, que previa a existência de um quarto poder, o Moderador[153].

Chave de toda organização política, o Poder Moderador foi atribuído ao Imperador, que foi alçado à importantíssima condição de responsável pela manutenção da independência, equilíbrio e harmonia dos demais órgãos supremos.

Para Constant, a monarquia constitucional era a forma perfeita de governo, considerando que a legitimação do imperador não derivava nem da vontade popular nem do Parlamento. Essa situação garantia ao Chefe do Poder Moderador uma posição de neutralidade, o que lhe permitia intervir diretamente no processo de formação da vontade estatal, com o objetivo de evitar abusos[154].

---

152 Art. 10. Os Poderes Politicos reconhecidos pela Constituição do Imperio do Brazil são quatro: o Poder Legislativo, o Poder Moderador, o Poder Executivo e o Poder Judicial.

153 Art. 98. O Poder Moderador é a chave de toda a organisação Politica, e é delegado privativamente ao Imperador, como Chefe Supremo da Nação, e seu Primeiro Representante, para que incessantemente vele sobre a manutenção da Independencia, equilibrio, e harmonia dos mais Poderes Politicos.

154 DOEHRING, Karl. *Teoria do Estado*. Belo Horizonte: Del Rey, 2008, p.289.

Nesse espírito, o art. 101 da Carta Constitucional de 1824[155] confiava ao Imperador um grande número de atribuições, o que o elevou à posição de principal ator no cenário jurídico-político.

No exercício de suas funções, o imperador estava autorizado a nomear senadores; convocar assembleias extraordinárias; sancionar decretos e resoluções da Assembleia Geral; prorrogar ou adiar a Assembleia Geral; dissolver a Câmara dos Deputados; nomear e demitir ministros; suspender magistrados; perdoar e moderar as penas impostas; e conceder anistia.

Com a promulgação da Constituição Republicana de 1891[156] iniciou-se a tradição de se fazer menção expressa à tripartição dos órgãos supremos, considerando-os independentes e harmônicos, segundo a fórmula consagrada pelo constitucionalismo clássico.

---

[155] Art. 101. O Imperador exerce o Poder Moderador
I. Nomeando os Senadores, na fórma do Art. 43.
II. Convocando a Assembléa Geral extraordinariamente nos intervallos das Sessões, quando assim o pede o bem do Imperio.
III. Sanccionando os Decretos, e Resoluções da Assembléa Geral, para que tenham força de Lei: Art. 62.
IV. Approvando, e suspendendo interinamente as Resoluções dos Conselhos Provinciaes: Arts. 86, e 87.
V. Prorogando, ou adiando a Assembléa Geral, e dissolvendo a Camara dos Deputados, nos casos, em que o exigir a salvação do Estado; convocando immediatamente outra, que a substitua.
VI. Nomeando, e demittindo livremente os Ministros de Estado.
VII. Suspendendo os Magistrados nos casos do Art. 154.
VIII. Perdoando, e moderando as penas impostas e os Réos condemnados por Sentença.
IX. Concedendo Amnistia em caso urgente, e que assim aconselhem a humanidade, e bem do Estado.

[156] Art. 15 – São órgãos da soberania nacional o Poder Legislativo, o Executivo e o Judiciário, harmônicos e independentes entre si.

É preciso lembrar, contudo, que, frequentemente, a realidade se recusava a se adaptar ao modelo de tripartição de poderes mencionado no texto constitucional, pois os "[...] primeiros presidentes da República [...] usaram, arbitrariamente, do poder Executivo para subjugar os outros poderes"[157].

A constituição de 1934 trouxe uma inovação que não foi transplantada para as constituições que a seguiram. Seu art. 3º fazia menção à atuação independente e *coordenada* do Legislativo, do Executivo e do Judiciário[158].

Ao Senado Federal foi atribuída a incumbência de promover a coordenação da atuação dos poderes, manter a continuidade administrativa, velar pela Constituição e colaborar na feitura de leis[159]. A nova concepção do papel do Senado representou uma significativa mudança na atuação dos órgãos supremos, pois "[...] os Poderes deixaram de ser harmônicos e independentes entre si e passaram a ser harmônicos e coordenados por um órgão dedicado a essa específica função"[160].

---

157 GRILLO, Vera de Araújo. *A separação de poderes no Brasil: legislativo x executivo: uma análise a partir dos discursos dos Congressistas sobre assuntos de política externa de 1975 a 1985*. Itajaí: Univali, 2000, p.44.

158 Art. 3º - São órgãos da soberania nacional, dentro dos limites constitucionais, os Poderes Legislativo, Executivo e Judiciário, independentes e coordenados entre si.

159 Art. 88 – Ao Senado Federal, nos termos dos arts. 90, 91 e 92, incumbe promover a coordenação dos Poderes federais entre si, manter a continuidade administrativa, velar pela Constituição, colaborar na feitura de leis e praticar os demais atos da sua competência.

160 ZANCANER, Gabriela. *As competências do poder Legislativo e as comissões parlamentares*. São Paulo: Malheiros, 2009, p.37.

A Constituição de 1937, em razão de seu viés autoritário, não fez qualquer alusão à cláusula de tripartição de poderes nos termos propostos pelo modelo clássico, limitando-se a fazer menção expressa aos poderes Executivo, Legislativo e Judiciário.

O art. 73 da Carta atribuía ao Presidente da República o título de "autoridade suprema do Estado"[161], conferindo-lhe competência para *coordenar* a atividade dos demais órgãos representativos, dirigir a política interna e externa, promover ou orientar a política legislativa e superintender a administração do País.

Com a promulgação da Carta Constitucional de 1946 iniciou-se, com pequenas nuances, um ciclo no qual a fórmula "*são poderes da União, independentes e harmônicos: o legislativo, o executivo e o judiciário*" vem sendo repetida até os dias atuais.

3. O ARTIGO 2º DA CONSTITUIÇÃO DE 1988

3.1. A separação de poderes como princípio fundamental

Antes de nos aprofundarmos na análise de seu conteúdo, é necessário estabelecer uma premissa fundamental: a cláusula de separação de poderes não pode ser compreendida a partir de uma *leitura isolada* do art. 2º da Constituição de 1988, mas somente a partir de uma investigação sistemática de todo o corpo constitucional.

---

[161] Art. 73 – o Presidente da República, *autoridade suprema do Estado*, coordena a atividade dos órgãos representativos, de grau superior, dirige a política interna e externa, promove ou orienta a política legislativa de interesse nacional, e superintende a administração do País.

Além disso, não podemos deixar de observar que a separação de poderes é um dos *princípios fundamentais*, já que evidencia uma das "decisões políticas estruturais do Estado"[162]. Em razão dessa classificação, seus efeitos devem se espraiar por todo o ordenamento jurídico, condicionando toda e qualquer atividade de interpretação normativa.

Tendo em vista o alcance decorrente de sua fundamentalidade, o princípio da separação de poderes "[...] tornou-se a matriz das mais invocadas em ação direta de inconstitucionalidade, para a invalidação de normas constitucionais e infraconstitucionais de Estados-membros"[163].

3.2. A separação de poderes como cláusula pétrea

A separação de poderes é classificada pelo §4º do art. 60 da Constituição Federal como uma das chamadas cláusulas pétreas. Como resultado, qualquer proposta que tenha o objetivo a *extinção* desse princípio não poderá ser objeto de *deliberação* por qualquer das Casas do Congresso Nacional.

Apesar de a Carta Constitucional haver classificado a separação de poderes como *princípio fundamental*, fazendo com que sua influência possa ser sentida em todo o texto, é preciso esclarecer que nem todos os quase cem artigos que tratam direta ou indiretamente do tema podem ser considerados como

---

162 BARROSO, Luís Roberto. *Curso de direito constitucional contemporâneo: os conceitos fundamentais e a construção do novo modelo.* 2.ed. São Paulo: Saraiva, 2011, p.153.

163 MENDES, Gilmar Ferreira; COELHO, Inocêncio Mártires; BRANCO, Paulo Gustavo. *Curso de direito constitucional.* São Paulo: Saraiva: 2007, p.218.

manifestações da cláusula pétrea, pois como ensina o professor Luís Roberto Barroso[164]:

> [...] apenas haverá violação à cláusula pétrea da separação de Poderes se o seu conteúdo nuclear de sentido tiver sido afetado. Isto é: em primeiro lugar, se a modificação provocar uma concentração de funções em um poder ou consagrar, na expressão do STF, uma 'instância hegemônica de poder'; e, secundariamente, se a inovação introduzida no sistema esvaziar a independência orgânica dos poderes ou suas competências típicas.

3.3. A separação de poderes e o princípio federativo

Segundo a Wikipédia, de cerca de 193 países do Globo 20 adotam alguma forma de federação[165]. Se considerarmos que em cada um desses países a adoção desse padrão de subdivisão administrativa foi determinada por razões históricas próprias, podemos inferir que é muito difícil conceber um conceito de federação que seja imune a críticas[166].

---

[164] BARROSO, Luís Roberto. *Curso de direito constitucional contemporâneo: os conceitos fundamentais e a construção do novo modelo*. 2.ed. São Paulo: Saraiva, 2011, p.175.

[165] Disponível em: <https://pt.wikipedia.org/wiki/Ente_federativo>. Acesso em: 12 de agosto de 2019.

[166] "Não entram em acordo os autores no apontar os traços característicos do Estado Federal. Assim, *v.g.*, Duguit nele vislumbra a existência de dois governos no mesmo território e a impossibilidade de alterarem as competências de cada um deles, sem a anuência de ambos. Já Hauriou sustenta que, no federalismo, há diversidade de leis e várias soberanias secundárias, sob uma soberania comum. Jellinek, sempre rigoroso, aponta como da essência do Estado Federal a autonomia, salvaguardada pela Constituição, das unidades federadas. La Fur, de sua parte, considera existente uma federação quando as unidades federativas entram na formação da vontade do Estado. Kelsen, com sua visão formalista do Direito, distingue o Estado federal dos demais pela existência, nele, de três ordens jurídicas: duas parciais (a União e as unidades federadas) e

O modelo federativo adotado pela Constituição brasileira de 1988 está fundado sobre dois pilares: a *indissolubilidade do vínculo* e a *autonomia dos entes federados*. Essa capacidade de gerir sua própria existência, de acordo com o ensinamento de Moraes[167], compreende: a *auto-organização*, o *autogoverno* e a *autoadministração*.

Curiosamente, apesar de haver reconhecida a pluralidade dos entes componentes da Federação Brasileira, o art. 2º da Carta Constitucional se limita a fazer menção expressa aos poderes da *União*. Essa peculiaridade nos compele a indagar: *por que a Constituição se limitou a fazer menção aos poderes da União e, ao mesmo tempo, adotou um complexo sistema federativo que contempla a participação de Estados e de municípios?*

A resposta pode ser encontrada na permissão conferida aos Estados federados para que se organizem mediante a adoção de constituições próprias[168], conforme autorização contida no art. 25 da Carta da República.

Como resultado da adoção desse sistema de organização administrativa, cada Estado federado deverá disciplinar a estrutura e as relações entre os órgãos de poder no corpo de

---

uma *global* (a da Constituição que as domina, delimitando-lhes a competência e encarregando um órgão de fazê-la cumprir)." CARRAZZA, Roque Antônio. *Curso de direito constitucional tributário*. 31.ed. São Paulo: Malheiros, 2017, p.153.

167 MORAES, Alexandre de. *Direito constitucional*. 21. ed. São Paulo: Atlas, 2009, p.275.

168 "Os Estados-membros se auto-organizam por meio do exercício de seu poder constituinte derivado-decorrente, consubstanciando-se na edição das respectivas Constituições Estaduais e, posteriormente, através de sua própria legislação [...]". *Idem*., p.275.

suas respectivas constituições, observando, sempre que houver autorização constitucional específica, mecanismos de controle análogos aos previstos para os Poderes da União, de acordo com o entendimento já pacificado no âmbito do Supremo Tribunal Federal[169].

3.4. A independência

O conceito de *independência* tem em seu núcleo a ideia de que cada um dos órgãos de poder não pode estar subordinado

[169] "Separação e independência dos Poderes: freios e contra-pesos: parâmetros federais impostos ao Estado-Membro. Os mecanismos de controle recíproco entre os Poderes, os 'freios e contrapesos' admissíveis na estruturação das unidades federadas, sobre constituírem matéria constitucional local, só se legitimam na medida em que guardem estreita similaridade com os previstos na Constituição da República: precedentes. Conseqüente plausibilidade da alegação de ofensa do princípio fundamental por dispositivos da Lei estadual 11.075/98-RS (inc. IX do art. 2º e arts. 33 e 34), que confiam a organismos burocráticos de segundo e terceiro graus do Poder Executivo a função de ditar parâmetros e avaliações do funcionamento da Justiça (...)." (ADI 1.905-MC, Rel. Min. Sepúlveda Pertence, julgamento em 19-11-1998, Plenário, DJ de 5-11-2004)

"A fiscalização legislativa da ação administrativa do Poder Executivo é um dos contrapesos da Constituição Federal à separação e independência dos Poderes: cuida-se, porém, de interferência que só a Constituição da República pode legitimar. Do relevo primacial dos 'pesos e contrapesos' no paradigma de divisão dos poderes, segue-se que à norma infraconstitucional — aí incluída, em relação à Federal, a constituição dos Estados-Membros —, não é dado criar novas interferências de um Poder na órbita de outro que não derive explícita ou implicitamente de regra ou princípio da Lei Fundamental da República. O poder de fiscalização legislativa da ação administrativa do Poder Executivo é outorgado aos órgãos coletivos de cada câmara do Congresso Nacional, no plano federal, e da Assembléia Legislativa, no dos Estados; nunca, aos seus membros individualmente, salvo, é claro, quando atuem em representação (ou presentação) de sua Casa ou comissão." (ADI 3.046, Rel. Min. Sepúlveda Pertence, julgamento em 15-4-2004, Plenário, DJ de 28-5-2004)

ou sujeito a nenhum outro[170]. Isso significa que tanto a organização, o funcionamento de cada órgão supremo e os processos de tomada de decisões devem ser imunizados contra quaisquer interferências externas[171]. Esse complexo desenho institucional nos permite assegurar que cada um dos Poderes "[...] tem condições de conduzir os seus objetivos de forma autônoma"[172].

É preciso levar em conta que em um primeiro momento, a autonomia dos entes componentes de uma federação se manifestou com maior intensidade, o que pode ser explicado pelo fato de o modelo federativo haver surgido como uma das muitas ferramentas de contenção dos excessos praticados pelas monarquias absolutistas europeias[173].

---

170 "Independência dos poderes. Significa (a) que a investidura e a permanência das pessoas num dos órgãos de governo não dependem das confiança nem da vontade dos outros; (b) que, no exercício das atribuições que lhes sejam próprias, não precisam os titulares consultar os outros, nem necessitam de sua autorização; (c) que, na organização dos respectivos serviços, cada um é livre, observadas apenas as disposições constitucionais e legais". SILVA, José Afonso da. *Comentário contextual à Constituição.* 6.ed. São Paulo: Malheiros, 2009, p.44.

171 "Dos órganos pueden decirse recíprocamente 'independientes' cuando cada uno de estos está libre de cualquier interferencia por parte del otro en cuanto a su formación, a su funcionamiento y a su duración". GUASTINI, Riccardo. *Estúdios de teoria constitucional.* 4.ed. Ciudad de Mexico, 2013, p.65.

172 BASTOS, Celso Ribeiro; Martins, Ives Gandra da Silva. *Comentários à Constituição do Brasil: promulgada em 5 de outubro de 1988.* São Paulo: Saraiva, 1988, p.438.

173 "A doutrina pregava, nesta quadra, uma separação estanque de poderes, garantindo a cada poder uma autonomia quase absoluta em sua atividade fim, como forma de reagir aos excessos do período absolutista anterior, em que todo o poder era concentrado no soberano". ZANETI JR., Hermes. *A teoria da separação de poderes e o Estado democrático constitucional: funções de governo e funções de garantia,* p. 38. *In* GRINOVER, Ada Pelegrini, WATANABE, Kazuo (Orgs.). *O controle jurisdicional de políticas públicas.* Rio de Janeiro: Forense, 2011.

No entanto, o tempo logo mostrou que essa autonomia, não pode ser aplicada à atuação dos órgãos supremos de com extrema austeridade, uma vez que pela aplicação do *princípio da harmonia entre os poderes*, esses órgãos devem sempre atuar em um ambiente cooperativo.

De outra forma não poderia ser, uma vez que a moderna concepção de separação de poderes estabelece que sempre que o Estado for interferir no patrimônio jurídico de alguém, sua atuação depende da manifestação de, pelo menos, dois órgãos supremos[174]. É por essa razão que as leis são elaboradas pelo Legislativo e submetidas à sanção ou veto do chefe do Poder Executivo.

Esse desenho nos autoriza a afirmar que *a independência mencionada na Carta Política Brasileira é muito mais institucional que funcional*, pois, como nos ensina o professor André Ramos Tavares, a existência de poderes absolutamente independentes não passa de um mito[175].

A análise desse sofisticado desenho institucional permite inferir que a *independência* dos órgãos estatais supremos não pode ser vista de forma absoluta, pois se de um lado não são toleradas interferências *impróprias* na atuação de um órgão de poder, de outro, as intervenções se fazem necessárias quando se objetiva impedir a prática de atos de abusos de poder, propiciar

---

174 TRIBE, Laurence H. *American constitutional law*. New York: Foundation Press, 2000, p.124.

175 "[...] a realidade já se incumbiu de desmistificar a necessidade de poderes totalmente independentes". TAVARES, André Ramos. *Curso de direito constitucional*. 2. ed. São Paulo: Saraiva, 2003, p.864.

um relacionamento harmônico entre os órgãos supremos[176], ou [...] garantir as liberdades e assegurar o pleno exercício das funções próprias[177].

Essa complexa configuração nos permite concluir que a "[...] independência deve ser analisada com cautela"[178], pois, como salientou Zimmermann:

> [...] se o Congresso Nacional é quem legisla, ele pode perfeitamente recusar-se a aprovar medidas propostas pelo Presidente. Poderá, inclusive, emendá-las ao ponto de desfigurá-las completamente, bem como aprovar medidas que desagradem ao Executivo e derrubar o veto presidencial. É o Congresso quem aprova os recursos financeiros necessários para a execução das leis, da mesma forma que poderá recusar-se a conceder tais recursos, ou mesmo modificar os totais das verbas em relação às propostas legislativas ao Presidente. Além disso, todos os tratados e acordos internacionais firmados pelo Executivo federal, para terem vigência em território brasileiro, devem primeiramente ser aprovados pelo Congresso. Por fim, não se deve esquecer que as nomeações feitas pelo Presidente, de uma faixa elevada de cargos federais, somente podem ser efetivadas após prévia aprovação do Senado Federal (art. 52,III)[179].

---

176 FERRAZ, Anna Cândida da Cunha. *Conflito entre poderes: o poder congressual de sustar atos normativos do poder executivo.* São Paulo: Revista dos Tribunais, 1994, p.14.

177 FERRAZ, Anna Cândida da Cunha. *Conflito entre poderes: o poder congressual de sustar atos normativos do poder executivo.* São Paulo: Revista dos Tribunais, 1994, p.14.

178 ZIMMERMANN, Augusto. *Curso de direito constitucional.* 3.ed. Rio de Janeiro: Lumen Juris, 2004, p.450.

179 ZIMMERMANN, Augusto. *Curso de direito constitucional.* 3.ed. Rio de Janeiro: Lumen Juris, 2004, p.451.

Tendo em vista sua delicada complexidade, a compreensão do significado da independência entre poderes depende do exame dos seguintes pontos: a observância das regras constitucionais definidoras de competência; a existência de atribuições exclusivas; a indelegabilidade das funções; a autonomia orgânica e funcional; *e a autonomia administrativa, financeira* e *orçamentária*[180].

3.4.1. A observância das regras constitucionais definidoras de competência

No núcleo duro da ideia de independência entre os poderes encontramos a identificação dos limites da atuação de cada órgão supremo. Esta tarefa somente poderá ser levada a cabo a partir da análise do conjunto das competências distribuídas dentre os órgãos de Poder pela Carta Constitucional[181].

Ainda no âmbito da independência, é preciso relevar que as atribuições funcionais de cada órgão supremo são exercidas ou com *exclusividade* ou de forma *cooperativa*.

3.4.1.1. A existência de atribuições desempenhadas de forma exclusiva

A Constituição Federal lista um grande número de poderes-deveres exclusivos, ou seja, desempenhados sem a intervenção de outros órgãos supremos. Podemos citar como exemplos aquelas dispostas nos artigos 49, 51, 52, 102, 105, 108, 109,

---

[180] A autonomia orçamentária também se revela na disposição do art. 168 da Carta Constitucional que determina que os recursos correspondentes às dotações orçamentárias deverão ser entregues até o dia 20 de cada mês.

[181] TAVARES, André Ramos. *Curso de direito constitucional*. 2. ed. São Paulo: Saraiva, 2003, p.865.

114, que tratam das atribuições da Câmara dos Deputados, do Senado Federal, do Supremo Tribunal Federal, do Superior Tribunal de Justiça, dos Tribunais Regionais Federais e da Justiça do Trabalho, respectivamente.

Assim, nenhum outro órgão de poder senão o Supremo Tribunal Federal está autorizado, por exemplo, a processar e julgar ações diretas de inconstitucionalidade. Da mesma forma, nenhum outro órgão supremo, salvo a Câmara dos Deputados, poderá autorizar a instauração de processo contra o Presidente e o vice-Presidente da República e os Ministros de Estado.

O exercício da competência exclusiva é uma exceção à regra, o que nos permite testificar que ele jamais poderá ser presumido. Por essa razão, é necessário que haja uma autorização constitucional expressa para que um poder venha a atuar sem a interferência de outro.

3.4.2. A indelegabilidade de funções

Como reflexo do princípio que impõe a observância das regras determinadoras de competência, o exame detalhado do corpo da Carta Constitucional permite inferir que a independência entre os poderes somente poderá ser mantida se as funções distribuídas pelo texto constitucional forem consideradas indelegáveis.

Decerto, de outro modo não poderia ser, pois se um órgão supremo estivesse autorizado a usurpar as funções de outro, em razões de pressões políticas, não haveria separação de poderes, mas mero arbítrio[182].

---

182 "[...] estaria frustrada a independência, que, a qualquer momento, no jogo das pressões políticas, poderia ser usurpada pelo exercício rotineiro das funções de um poder do Estado por outro". ARAÚJO, Luiz Alberto David, NUNES JR.,

Por tais razões, as delegações de atribuições de um poder para outro são excepcionais e só podem ser consideradas válidas se estiverem previstas de forma expressa, no texto constitucional, como ocorre com as leis delegadas.

3.4.3. Autonomia orgânica e funcional

Podemos entender a autonomia orgânica e funcional como a capacidade dada a cada órgão supremo para escolher seus dirigentes e de dispor sobre seu funcionamento, sem que haja qualquer interferência externa.

A Carta de 1988 não se preocupou em dar um tratamento sistematizado à autonomia orgânico-administrativa dos órgãos supremos. A matéria está disposta em diversos dispositivos constitucionais esparsos como, por exemplo:

a) O art. 49 confere ao Congresso Nacional competência para: mudar temporariamente sua sede e fixar idêntico subsídio para os deputados federais e senadores.

b) O art. 51 permite à Câmara dos Deputados: elaborar seu regimento interno; dispor sobre sua organização, funcionamento, polícia, criação, transformação ou extinção dos cargos, empregos e funções de seus serviços; iniciar o processo legislativo com vistas a fixar a remuneração de seus servidores.

c) O art. 52 da Carta Política autoriza o Senado Federal a: elaborar seu regimento interno; dispor sobre sua organização, funcionamento, polícia, criação, transformação ou extinção dos cargos, empregos e funções de seus

---

Vidal Serrano. *Curso de direito constitucional.*20 ed. São Paulo: Saraiva, 2016, p.301.

serviços; e iniciar o processo legislativo com vistas à fixação da remuneração de seus servidores.

É necessário considerar, contudo, que a Constituição de 1988 deu um tratamento mais sistematizado à autonomia orgânica e administrativa do Poder Judiciário[183]. O art. 96 da Carta política estabelece que os tribunais são dotados de competência para: eleger seus órgãos diretivos e elaborar seus regimentos internos, dispondo sobre a competência e funcionamento dos respectivos órgãos jurisdicionais e administrativos[184]; organizar suas secretarias e serviços auxiliares e os dos juízos que lhes forem vinculados, velando pelo exercício da atividade correicional respectiva; prover os cargos de juiz de carreira da respectiva jurisdição; propor a criação de novas varas judiciárias; prover, por concurso público, os cargos necessários à administração da Justiça; e conceder licença, férias e outros afastamentos a seus membros e aos juízes e servidores que lhes forem imediatamente vinculados.

---

[183] "A Constituição de 1988 confiou ao Judiciário papel até então não outorgado por nenhuma outra Constituição. Conferiu-se autonomia institucional, desconhecida na história de nosso modelo constitucional e que se revela, igualmente, singular ou digna de destaque também no plano do direito comparado". MENDES, Gilmar Ferreira; COELHO, Inocêncio Mártires; BRANCO, Paulo Gustavo. *Curso de direito constitucional.* São Paulo: Saraiva: 2007, p.931.

[184] "Ato normativo que disciplina o horário de trabalho dos servidores do Judiciário. Vício de natureza formal. (...). Embora não haja ofensa ao princípio da separação dos poderes, visto que a Portaria em questão não altera a jornada de trabalho dos servidores e, portanto, não interfere com o seu regime jurídico, constata-se, na espécie, vício de natureza formal. Como assentou o Plenário do STF nada impede que a matéria seja regulada pelo Tribunal, no exercício da autonomia administrativa que a Carta Magna garante ao Judiciário. Mas a forma com que o tema foi tratado, ou seja, por portaria ao invés de resolução, monocraticamente e não por meio de decisão colegiada, vulnera o art. 96, I, *a* e *b*, da Constituição Federal." (ADI 2.907, Rel. Min. Ricardo Lewandowski, julgamento em 4-6-2008, Plenário, *DJE* de 29-8-2008).

O inciso II do art. 96 dispõe que compete ao Supremo Tribunal Federal, aos Tribunais Superiores e aos Tribunais de Justiça propor ao Poder Legislativo respectivo a alteração do número de membros dos tribunais inferiores; a criação e a extinção de cargos e a remuneração dos seus serviços auxiliares e dos juízos que lhes forem vinculados, bem como a fixação do subsídio de seus membros e dos juízes; a criação ou extinção dos tribunais inferiores; e a alteração da organização e da divisão judiciárias.

Nesse sentido, ao julgar a medida cautelar em Ação direta de inconstitucionalidade n.º 1.105, o Supremo Tribunal Federal já proferiu decisão no sentido de que os Tribunais são dotados de autonomia para que possam dispor sobre o funcionamento interno do órgão supremo por um instrumento normativo que, apesar de não ser uma manifestação do poder legislativo, *equipara-se à lei*[185].

---

[185] "Aos tribunais compete elaborar seus regimentos internos, e neles dispor acerca de seu funcionamento e da ordem de seus serviços. Esta atribuição constitucional decorre de sua independência em relação aos Poderes Legislativo e Executivo. Esse poder, já exercido sob a Constituição de 1891, tornou-se expresso na Constituição de 34, e desde então vem sendo reafirmado, a despeito, dos sucessivos distúrbios institucionais. A Constituição subtraiu ao legislador a competência para dispor sobre a economia dos tribunais e a estes a imputou, em caráter exclusivo. Em relação à economia interna dos tribunais a lei é o seu regimento. O regimento interno dos tribunais é lei material. Na taxionomia das normas jurídicas o regimento interno dos tribunais se equipara à lei. A prevalência de uma ou de outro depende de matéria regulada, pois são normas de igual categoria. Em matéria processual prevalece a lei, no que tange ao funcionamento dos tribunais o regimento interno prepondera. Constituição, art. 5º, LIV e LV, e 96, I, *a*. Relevância jurídica da questão: precedente do STF e resolução do Senado Federal." (ADI 1.105-MC, Rel. Min. Paulo Brossard, julgamento em 3-8-1994, Plenário, *DJ* de 27-4-2001).

3.4.4. Autonomia administrativa, financeira e orçamentária

A autonomia financeira e orçamentária dos Poderes Legislativo e Executivo também não mereceu do constituinte de 1988 um tratamento melhor sistematizado.

O inciso I do § 5º do art. 165 da Constituição dispõe que a lei orçamentária anual compreenderá o orçamento fiscal referente aos Poderes da União, seus fundos, órgãos e entidades da administração direta e indireta, inclusive fundações instituídas e mantidas pelo poder público.

Como garantia da autonomia dos órgãos de poder, o art. 168 da Constituição Federal determina que os recursos correspondentes às dotações orçamentárias destinadas aos órgãos dos poderes Legislativo e Judiciário deverão ser repassados até o dia 20 de cada mês[186].

É curiosa a observação de que, em relação à autonomia financeira e orçamentária do Poder Judiciário, a Constituição foi mais explícita, ao estabelecer que compete aos "órgãos colegiados do Judiciário"[187] a elaboração de suas propostas orçamentárias[188].

---

[186] Art. 168. Os recursos correspondentes às dotações orçamentárias, compreendidos os créditos suplementares e especiais, destinados aos órgãos dos Poderes Legislativo e Judiciário, do Ministério Público e da Defensoria Pública, ser-lhes-ão entregues até o dia 20 de cada mês, em duodécimos, na forma da lei complementar a que se refere o art. 165, § 9º.

[187] BULOS, Uadi Lammêgo. *Curso de direito constitucional.* 4.ed. São Paulo: Saraiva, 2009, p.1131.

[188] É necessário notar que se as propostas forem encaminhadas em desacordo com os limites estipulados conjuntamente com os demais poderes na lei de diretrizes orçamentárias, o Poder Executivo está autorizado a proceder aos ajustes necessários.

A autonomia financeira do Judiciário também se manifesta na destinação especial das custas e emolumentos que passaram a estar afetados ao custeio de suas atividades específicas[189].

3.5. Harmonia

A harmonia se revela como um princípio multifacetado em cujo núcleo encontramos a necessidade de *obediência a normas de cortesia*, bem como o respeito às prerrogativas e faculdades asseguradas a todos os órgãos de poder, tais como imunidades parlamentares e prerrogativas de foro[190].

No entanto, o princípio da harmonia vai além da mera observância a regras de "cortesia no tratamento recíproco e no respeito às prerrogativas e faculdades a que mutuamente todos têm direito"[191], pois ele também designa que o exercício das atividades estatais deverá ocorrer, necessariamente, em um *ambiente colaborativo*, ou seja, num esquema de interdependência orgânico-funcional, no qual a atuação de um órgão de poder possa ser permeada pela intervenção de outro[192].

O princípio da harmonia torna, ainda, imperativa a existência de mecanismos garantidores de um *equilíbrio mínimo* entre os órgãos supremos, impedindo que um poder sobrepuje

---

[189] MENDES, Gilmar Ferreira; Coelho, Inocêncio Mártires, BRANCO, Paulo Gustavo. *Curso de direito constitucional.* São Paulo: Saraiva: 2007, p.934.

[190] SILVA, José Afonso da. *Comentário contextual à Constituição.* 6.ed. São Paulo: Malheiros, 2009. p.110.

[191] *Idem.*, p.44.

[192] BASTOS, Celso Ribeiro; Martins, Ives Gandra da Silva. *Comentários à Constituição do Brasil: promulgada em 5 de outubro de 1988.* São Paulo: Saraiva, 1988, p.438.

o outro; situação que acarretaria uma indesejável situação de instabilidade institucional.

O art. 48 da Constituição Federal, por exemplo, confere ao Congresso Nacional um conjunto de atribuições que somente poderão ser cumpridas com a colaboração do Chefe do Poder Executivo, manifestada na sanção ou no veto.

No mesmo sentido, o §1º do art. 61 e o *caput* do art. 93 da Carta Constitucional dispõem sobre hipóteses nas quais a atividade do Legislativo deverá ser necessariamente precedida de iniciativa do Presidente da República ou do Supremo Tribunal Federal[193], respectivamente.

Com base nesses antecedentes é possível inferir que no núcleo do conceito de harmonia encontramos os *instrumentos de heterolimitação*[194] que deverão ser empregados com o objetivo de garantir a estabilidade do governo, as liberdades individuais e o desenvolvimento da sociedade.

Esse conjunto de instrumentos de intervenções recíprocas recebe a denominação de *sistema de freios e contrapesos* que, em virtude de sua importância, merece análise mais detida em um tópico apartado.

---

193 "A sanção do projeto de lei não convalida o vício de inconstitucionalidade resultante da usurpação do poder de iniciativa. A ulterior aquiescência do Chefe do Poder Executivo, mediante sanção do projeto de lei, ainda quando dele seja a prerrogativa usurpada, não tem o condão de sanar o vício radical da inconstitucionalidade. Insubsistência da Súmula n. 5/STF. Doutrina. Precedentes." (ADI 2.867, Rel. Min. Celso de Mello, julgamento em 3-12-2003, *DJ* de 9-2-2007).

194 SILVA, José Afonso da. *Curso de direito constitucional positivo*. 22. ed. São Paulo: Malheiros, 2003, p.111.

3.5.1. O sistema de freios e contrapesos

O sistema de freios e contrapesos consiste no sofisticado conjunto de técnicas que possibilitam o exercício do controle jurídico mútuo da atuação dos diversos órgãos de poder. esse modelo é adotado com o objetivo de evitar a prática de abusos.

O exame do texto constitucional revela que o Poder Executivo está autorizado a intervir no exercício da função legislativa mediante o exercício da iniciativa exclusiva, o veto e a sanção, a atividade regulamentar, a apresentação de medidas provisórias e a edição de decretos autônomos, com base no que dispõe o inciso VI do art. 84 da Carta Constitucional.

O Legislativo está autorizado a abrandar as ações do Executivo ao dispor, por exemplo, sobre: a transferência temporária da sede do Governo Federal; a criação, transformação e extinção de cargos, empregos e funções públicas; a criação e extinção de ministérios e órgãos da Administração Pública; a resolução acerca de tratados e convenções internacionais; a autorização ao Presidente da República para declarar guerra e celebrar a paz; a permissão para que forças estrangeiras transitem pelo território nacional; a autorização para que o Presidente da República e o vice-presidente se ausentem do País por mais de quinze dias; a aprovação do Estado de defesa, do Estado de sítio ou da intervenção federal; a sustação dos atos normativos do Poder Executivo que exorbitem do poder regulamentar ou dos limites da delegação legislativa; a fixação dos subsídios do Presidente da República, do vice-presidente e dos ministros de Estado; o julgamento das contas do Presidente da República; a aprovação das iniciativas legislativas do Poder Executivo referentes a atividades nucleares; a rejeição de medidas provisórias; a convocação de Ministros de Estado e de quaisquer titulares de órgãos diretamente subordinados à Presidência da República para prestarem informações sobre assunto previamente determinado; a aprovação da escolha dos chefes de missão diplomática de caráter permanente; a autorização de operações externas de natureza financeira; e o processamento e o julgamento dos chefes do Executivo por crimes de responsabilidade.

É necessário considerar que em um sistema presidencialista o Poder Executivo é dotado de uma grande gama de atribuições, o que confere ao Legislativo a responsabilidade pelo exercício do controle político dos atos daquele órgão supremo, a fim de reprimir quaisquer práticas que possam ser consideradas abusivas. Com esse escopo, poderá o Parlamento, por exemplo, rejeitar as leis propostas pelo Presidente, emendá-las ao ponto de desfigurar o projeto original, bem como derrubar o veto presidencial.

O Executivo atua como mitigador dos poderes do Judiciário ao: conceder indultos e comutar penas e nomear, após aprovação do Senado Federal, os ministros do Supremo Tribunal Federal e dos Tribunais superiores, bem como na possibilidade de oposição de veto aos projetos de iniciativa exclusiva do Judiciário.

A interferência legítima do Legislativo no funcionamento do Judiciário ocorre, por exemplo, quando aquele órgão de poder delibera sobre normas orçamentárias, dispõe sobre a organização judiciária, estabelece condições para a escolha de magistrados, cria, transforma e extingue cargos, empregos e funções públicas no âmbito do Poder Judiciário, fixa subsídios dos Ministros do Supremo Tribunal Federal, processa e julga Ministros do Supremo Tribunal Federal nos crimes de responsabilidade.

Além disso, não podemos deixar de observar que a administração financeira do Poder Judiciário está sujeita à fiscalização dos Tribunais de Contas e do próprio Poder Legislativo, sem que isso resulte em violação ao princípio fundamental da separação de poderes[195].

O Judiciário, por sua vez, intervém nos trabalhos do Legislativo, ao prolatar decisões em mandados de segurança que tenham o objetivo de assegurar o devido processo legislativo; ao exercer o controle de constitucionalidade dos atos do poder público, bem como o controle de nulidade dos atos de efeitos concretos emanados do Legislativo; ao dispor da iniciativa exclusiva de lei complementar sobre o Estatuto da Magistratura; ao julgar os membros do Congresso Nacional, das Assembleias Legislativas e Câmaras de Vereadores nas infrações penais comuns; e ao julgar mandados de injunção.

O Judiciário, por sua vez, intervém nos trabalhos do Executivo ao realizar o controle de constitucionalidade dos atos do poder público; ao exercer o controle de legalidade dos atos de efeitos concretos do Executivo; ao exigir o pagamento

---

195 "Poder Judiciário: independência, autogoverno e controle. A administração financeira do Judiciário não está imune ao controle, na forma da Constituição, da legalidade dos dispêndios dos recursos públicos; sujeita-se, não apenas à fiscalização do Tribunal de Contas e do Legislativo, mas também às vias judiciais de prevenção e repressão de abusos, abertas não só aos governantes, mas a qualquer do povo, incluídas as que dão acesso à jurisdição do Supremo Tribunal (CF, art. 102, I, *n*). O que não admite transigências é a defesa da independência de cada um dos Poderes do Estado, na área que lhe seja constitucionalmente reservada, em relação aos demais, sem prejuízo, obviamente, da responsabilidade dos respectivos dirigentes pelas ilegalidades, abusos ou excessos cometidos." (ADI 691-MC, Rel. Min. Sepúlveda Pertence, julgamento em 22-4-1992, Plenário, *DJ* de 19-6-1992)

dos duodécimos orçamentários; ao julgar mandados de injunção; ao processar e julgar o Presidente da República, os Governadores de Estado e os Prefeitos municipais nos crimes comuns; ao requisitar a intervenção federal nos Estados ou a intervenção estadual nos municípios.

Finalmente, devemos ressaltar que os mecanismos de intervenção dos poderes dos Estados e Municípios somente serão legítimos se guardarem similitude com os institutos previstos na Carta Federal[196]. Isso porque não é dado ao Legislativo Estadual o poder de criar *novos* mecanismos de interferência entre os órgãos supremos, afora aquelas previstas no próprio texto constitucional[197].

---

[196] "Separação e independência dos Poderes: freios e contra-pesos: parâmetros federais impostos ao Estado-Membro. Os mecanismos de controle recíproco entre os Poderes, os 'freios e contrapesos' admissíveis na estruturação das unidades federadas, sobre constituírem matéria constitucional local, só se legitimam na medida em que guardem estreita similaridade com os previstos na Constituição da República: precedentes. Conseqüente plausibilidade da alegação de ofensa do princípio fundamental por dispositivos da Lei estadual 11.075/98-RS (inc. IX do art. 2º e arts. 33 e 34), que confiam a organismos burocráticos de segundo e terceiro graus do Poder Executivo a função de ditar parâmetros e avaliações do funcionamento da Justiça (...)." (ADI 1.905-MC, Rel. Min. Sepúlveda Pertence, julgamento em 19-11-1998, Plenário, *DJ* de 5-11-2004).

[197] "Do relevo primacial dos 'pesos e contrapesos' no paradigma de divisão dos poderes, segue-se que à norma infraconstitucional - aí incluída, em relação à Federal, a Constituição dos Estados-Membros -, não é dado criar novas interferências de um Poder na órbita de outro que não derive explícita ou implicitamente de regra ou princípio da Lei Fundamental da República. O poder de fiscalização legislativa da ação administrativa do Poder Executivo é outorgado aos órgãos coletivos de cada Câmara do Congresso Nacional, no plano federal, e da Assembléia Legislativa, no dos Estados; nunca, aos seus membros individualmente, salvo, é claro, quando atuem em representação (ou presentação) de sua Casa ou comissão." (ADI 3.046, Rel. Min. Sepúlveda Pertence, julgamento em 15-4-2004, Plenário, *DJ* de 28-5-2004)

6

A SEPARAÇÃO DE PODERES NA VISÃO DO SUPREMO TRIBUNAL FEDERAL

1. INTRODUÇÃO

Devido a sua fundamentalidade e ao fato de estar disperso por todo o texto constitucional, o princípio da separação de poderes tem sido uma das principais alegações apresentadas junto ao Supremo Tribunal Federal em sede de controle abstrato de constitucionalidade[198]. Como resultado, a jurisprudência daquele órgão é rica em exemplos que revelam o entendimento da Suprema Corte Brasileira acerca da independência da harmonia entre os poderes.

Neste capítulo examinaremos alguns julgados que nos permitem vislumbrar o entendimento da Suprema Corte Brasileira sobre o princípio da separação de poderes.

---

[198] MENDES, Gilmar Ferreira; COELHO, Inocêncio Mártires; BRANCO, Paulo Gustavo. *Curso de direito constitucional*. São Paulo: Saraiva: 2007, p.2018.

2. DA OBSERVÂNCIA DAS REGRAS DE INICIATIVA LEGISLATIVA EXCLUSIVA

De acordo com o §1º do art. 61 da Carta Constitucional, cabe ao Presidente da República a iniciativa exclusiva de projetos de lei que tratem das matérias ali especificadas[199].

Em razão do grande número de temas listados no texto constitucional, o Supremo Tribunal Federal é frequentemente instado a se manifestar em feitos que tratam da violação das regras de iniciativa exclusiva do Chefe do Poder Executivo, especialmente em relação a leis que digam respeito ao regime jurídico ou à concessão de aumentos ou vantagens aos seus servidores públicos[200].

---

[199] § 1º São de iniciativa privativa do Presidente da República as leis que:
I - fixem ou modifiquem os efetivos das Forças Armadas;
II - disponham sobre:
a) criação de cargos, funções ou empregos públicos na administração direta e autárquica ou aumento de sua remuneração;
b) organização administrativa e judiciária, matéria tributária e orçamentária, serviços públicos e pessoal da administração dos Territórios;
c) servidores públicos da União e Territórios, seu regime jurídico, provimento de cargos, estabilidade e aposentadoria;
d) organização do Ministério Público e da Defensoria Pública da União, bem como normas gerais para a organização do Ministério Público e da Defensoria Pública dos Estados, do Distrito Federal e dos Territórios;
e) criação e extinção de Ministérios e órgãos da administração pública, observado o disposto no art. 84, VI;
f) militares das Forças Armadas, seu regime jurídico, provimento de cargos, promoções, estabilidade, remuneração, reforma e transferência para a reserva.

[200] "Poder Constituinte Estadual: autonomia (ADCT, art. 11): restrições jurisprudenciais inaplicáveis ao caso. É da jurisprudência assente do Supremo Tribunal que afronta o princípio fundamental da separação a independência dos Poderes o trato em constituições estaduais de matéria, sem caráter essencialmente constitucional - assim, por exemplo, a relativa à fixação de vencimentos ou a concessão de vantagens específicas a servidores públicos –, que caracterize fraude à iniciativa reservada ao Poder Executivo de leis ordinárias a respeito: precedentes. A jurisprudência restritiva dos poderes da Assembléia Constituinte do

Tendo em vista a necessidade de se respeitar os parâmetros fixados em relação aos limitadores aos Poderes da União, o Supremo Tribunal Federal reconheceu que "O constituinte estadual não pode estabelecer hipóteses nas quais seja vedada a apresentação de projeto de lei pelo Chefe do Executivo sem que isso represente ofensa à harmonia entre os Poderes"[201].

Em relação à autonomia do Judiciário, o Supremo já se manifestou no sentido de que cabe a este Poder a iniciativa exclusiva das leis que tratem da criação de conta única para depósitos judiciais, considerando que esse órgão supremo é dotado da competência exclusiva para administrar suas entradas[202].

Estado-membro não alcança matérias às quais, delas cuidando, a Constituição da República emprestou alçada constitucional." (ADI 104, Rel. Min. Sepúlveda Pertence, julgamento em 4-6-2007, Plenário, *DJ* de 24-8-2007).

"Ação direta de inconstitucionalidade. Art. 54, VI da Constituição do Estado do Piauí. Vedação da fixação de limite máximo de idade para prestação de concurso público. Ofensa aos artigos 37, I, e 61, § 1º, Ii, *c* e *f*, da Constituição Federal. Dentre as regras básicas do processo legislativo federal, de observância compulsória pelos Estados, por sua implicação com o princípio fundamental da separação e independência dos Poderes, encontram-se as previstas nas alíneas a e c do art. 61, § 1º, II, da CF, que determinam a iniciativa reservada do Chefe do Poder Executivo na elaboração de leis que disponham sobre o regime jurídico e o provimento de cargos dos servidores públicos civis e militares. Precedentes: ADI 774, rel. Min. Sepúlveda Pertence, *DJ* 26-2-1999, ADI 2.115, rel. Min. Ilmar Galvão e ADI 700, rel. Min. Maurício Corrêa. Esta Corte fixou o entendimento de que a norma prevista em Constituição Estadual vedando a estipulação de limite de idade para o ingresso no serviço público traz em si requisito referente ao provimento de cargos e ao regime jurídico de servidor público, matéria cuja regulamentação reclama a edição de legislação ordinária, de iniciativa do Chefe do Poder Executivo. Precedentes: ADI 1.165, rel. Min. Nelson Jobim, *DJ* 14-6-2002 e ADI 243, red. p/ o acórdão Min. Marco Aurélio, *DJ* 29-11-2002. Ação direta cujo pedido se julga procedente." (ADI 2.873, Rel. Min. Ellen Gracie, julgamento em 20-9-2007, Plenário, *DJ* de 9-11-2007)

201 (ADI 572, Rel. Min. Eros Grau, julgamento em 28-6-06, Plenário, *DJ* de 9-2-2007).

202 "A iniciativa legislativa, no que respeita à criação de conta única de depósitos judiciais e extrajudiciais, cabe ao Poder Judiciário. A deflagração do processo

3. DA VEDAÇÃO DE APRESENTAÇÃO DE PROPOSTAS DE EMENDAS QUE AUMENTEM DESPESAS

Em relação aos projetos de *lei* de iniciativa do Presidente da República e nos projetos sobre organização dos serviços administrativos da Câmara dos Deputados, do Senado Federal[203], dos Tribunais Federais e do Ministério Público, o art. 63 da Carta Constitucional proíbe o aumento da despesa prevista.

Ao julgar a ADI 774, o Ministro Sepúlveda Pertence manifestou seu entendimento no sentido de que a violação ao inciso I do art. 63 da Carta Constitucional, que veda o aumento das despesas previstas nos projetos de iniciativa do Poder Executivo, importa em violação ao princípio fundamental da separação e independência entre os poderes[204].

---

legislativo pelo Chefe do Poder Executivo consubstancia afronta ao texto da Constituição do Brasil [artigo 61, § 1º]. Cumpre ao Poder Judiciário a administração e os rendimentos referentes à conta única de depósitos judiciais e extrajudiciais. Atribuir ao Poder Executivo essas funções viola o disposto no artigo 2º da Constituição do Brasil, que afirma a interdependência - independência e harmonia - entre o Legislativo, o Executivo e o Judiciário." (ADI 3.458, Rel. Min. Eros Grau, julgamento em 21-2-2008, Plenário, *DJE* de 16-5-2008)

[203] "Em relação aos Tribunais Federais e ao Ministério Público os projetos são de lei, porque a organização dos serviços administrativos deles depende de lei. O mesmo já não acontece com os projetos sobre a organização dos serviços administrativos da Câmara dos Deputados e do Senado Federal, porque não se exige lei para tanto, mas simples resolução". SILVA, José Afonso da. *Comentário contextual à Constituição.* 6.ed. São Paulo: Malheiros, 2009, p.454.

[204] "Processo legislativo da União: observância compulsória pelos Estados de seus princípios básicos, por sua implicação com o princípio fundamental da separação e independência dos poderes: jurisprudência do Supremo Tribunal. Processo legislativo: emenda de origem parlamentar a projeto de iniciativa reservada a outro poder: inconstitucionalidade, quando da alteração resulte

4. A ESCOLHA DE DIRIGENTES DE ENTIDADES DA ADMINISTRAÇÃO INDIRETA

A alínea "d" do inciso XXIII do art. 62 da Constituição do Estado de Minas Gerais, com a redação que lhe foi dada pela Emenda Constitucional n.º 26, de julho de 1997, previa que a nomeação dos dirigentes de *todas* as entidades da administração indireta deveria submeter-se à aprovação do Poder Legislativo.

O Excelso Pretório manifestou seu entendimento no sentido de que a intromissão do Poder Legislativo no processo de escolha dos diretores das *empresas públicas* e das *sociedades de economia mista* constitui uma ingerência indevida no campo de atuação reservado ao Poder Executivo[205].

5. A APRECIAÇÃO DO MÉRITO DOS ATOS PRATICADOS NO EXERCÍCIO DA FUNÇÃO ADMINISTRATIVA

Conforme posicionamento já consolidado na doutrina administrativista, os atos praticados no exercício da função

---

aumento da despesa consequente ao projeto inicial (...)." (ADI 774, Rel. Min. Sepúlveda Pertence, julgamento em 10-12-1998, Plenário, *DJ* de 26-2-1999).

[205] Esta Corte em oportunidades anteriores definiu que a aprovação, pelo Legislativo, da indicação dos Presidentes das entidades da Administração Pública Indireta restringe-se às autarquias e fundações públicas, dela excluídas as sociedades de economia mista e as empresas públicas. Precedentes. (...). A intromissão do Poder Legislativo no processo de provimento das diretorias das empresas estatais colide com o princípio da harmonia e interdependência entre os poderes. A escolha dos dirigentes dessas empresas é matéria inserida no âmbito do regime estrutural de cada uma delas." (ADI 1.642, Rel. Min. Eros Grau, julgamento em 3-4-2008, Plenário, *DJE* de 19-9-2008).

administrativa contêm tanto elementos vinculados quanto discricionários.

Em relação aos elementos discricionários é preciso lembrar que eles se materializam na possibilidade da realização de uma apreciação "[...] quanto à maneira de proceder nos casos concretos"[206], o que confere ao administrador público a possibilidade de atuar com base em um juízo subjetivo quanto à: a) fixação do conteúdo de um conceito indeterminado contido em um comando normativo; b) possibilidade de agir ou não agir em um caso concreto; c) escolha da ocasião apropriada para atuar; e d) a escolha da medida adequada para alcançar a finalidade do ato[207].

Fica evidente, portanto, que para o professor Celso Antônio Bandeira de Mello a concepção de discricionariedade abrange, mas não se limita "[...] ao campo das opções administrativas efetuadas com base em critérios de conveniência e oportunidade"[208].

---

[206] MELLO, Celso Antônio Bandeira de. *Discricionariedade e controle jurisdicional*. 2. ed. São Paulo: Malheiros, 1996, p.09.

[207] "Nestes casos, diz-se que há discricionariedade, porque cabe interferência de um juízo subjetivo do administrador no que atina, isolada ou cumulativamente:
a) À determinação ou reconhecimento - dentro de certos limites mais além referidos - as situação fática ou
b) No que concerne a não agir ou agir ou
c) No que atina à escolha da ocasião asada para fazê-lo ou
d) No que diz com a forma jurídica através da qual veiculará o ato ou
e) No que respeita à eleição da medida considerada idônea perante aquela situação fática, para satisfazer a finalidade legal". *Ibid.*, p.17.

[208] MELLO, Celso Antônio Bandeira de. *Discricionariedade e controle jurisdicional*. 2. ed. São Paulo: Malheiros, 1996, p.28.

De qualquer forma, consolidou-se no direito brasileiro a ideia de que os elementos discricionários presentes nos atos administrativos e de governo, quando estiverem de acordo com o ordenamento jurídico[209], escapam ao controle do Poder Judiciário[210].

De outro modo não poderia ser, pois sozinho o judiciário não tem condições técnicas ou humanas de compreender todas as minúcias que surgem ao se administrar a máquina pública ou mesmo de resolver os incontáveis problemas atinentes à concretização de políticas **públicas**[211].

Com base nesse antecedente, a Suprema Corte Brasileira entendeu, por exemplo, que compete exclusivamente ao Poder Executivo conceder *descontos e isenções em contratos de obras públicas*[212].

---

[209] "Uma primeira premissa para este controle da sindicabilidade judicial das políticas públicas é a identificação de uma 'disfunção política' da administração ou do Legislativo, ou seja, um desvio natural do curso do interesse público, uma fuga do poder-dever que está na base do plexo de competências atribuído a cada um dos órgãos estatais como (re)presentantes do povo brasileiro e do projeto constitucional de sociedade". ZANETI JR., Hermes. *A teoria da separação de poderes e o Estado democrático constitucional: funções de governo e funções de garantia,* p.47. *In* GRINOVER, Ada Pelegrini, WATANABE, Kazuo (Orgs.). *O controle jurisdicional de políticas públicas.* Rio de Janeiro: Forense, 2011.

[210] "O controle jurisdicional do ato administrativo, para não violar a separação dos poderes, distancia-se do critério político (mérito), cingindo-se à verificação das prescrições legais determinadas (competência e manifestação da vontade do agente, objeto, conteúdo, finalidade e forma). O critério político e razões técnicas, desde que lícitos, são estranhos à prestação jurisdicional". STJ MS n.º 3.071-O/DF, *in* MORAES, Alexandre de. *Direito constitucional administrativo,* p.120.

[211] SAMPAIO JÚNIOR, José Herval. *Peculiaridades da atividade jurisdicional contemporânea e o princípio da separação dos poderes.* In: TAVARES, André Ramos; LEITE, George Salomão; SARLET, Ingo Wolfgand (Coords.). *Estado constitucional e organização do poder.* São Paulo: Saraiva, 2010, p.416.

[212] "A lei estadual afeta o equilíbrio econômico-financeiro do contrato de concessão de obra pública, celebrado pela Administração capixaba, ao conceder

No caso que motivou a decisão, o Governador do Estado do Espírito Santo questionou a constitucionalidade da Lei Estadual n. 7.304/2002, que isentava do pagamento de pedágios todas as motocicletas que trafegassem pelas vias públicas capixabas e concedia desconto de 50% para estudantes, quando em trânsito entre sua residência e a instituição de ensino.

Na ADI n. 2.733, o Supremo Tribunal Federal manifestou seu entendimento no sentido de que a Constituição Brasileira não autoriza o Poder Legislativo a ocupar o lugar do Executivo na gestão dos contratos por este celebrados. Como resultado, a Lei questionada foi declarada inconstitucional.

Curiosamente, ao julgar a Reclamação n. 11.243, o Supremo Tribunal Federal manifestou seu entendimento no sentido de que nem mesmo a Corte Suprema poderia se sobrepor a uma decisão proferida pelo Presidente da República em relação a um pedido de extradição[213].

---

descontos e isenções sem qualquer forma de compensação. Afronta evidente ao princípio da harmonia entre os poderes, harmonia e não separação, na medida em que o Poder Legislativo pretende substituir o Executivo na gestão dos contratos administrativos celebrados." (ADI 2.733, Rel. Min. Eros Grau, julgamento em 26-10-2005, Plenário, *DJ* 3-2-2006)

[213] O princípio da separação dos Poderes (art. 2º da CRFB) indica não competir ao STF rever o mérito de decisão do presidente da República, enquanto no exercício da soberania do País, tendo em vista que o texto constitucional conferiu ao chefe supremo da Nação a função de representação externa do País. (...) A extradição não é ato de nenhum Poder do Estado, mas da República Federativa do Brasil, pessoa jurídica de direito público externo, representada na pessoa de seu chefe de Estado, o presidente da República. A reclamação por descumprimento de decisão ou por usurpação de poder, no caso de extradição, deve considerar que a Constituição de 1988 estabelece que a soberania deve ser exercida, em âmbito interno, pelos três Poderes (Executivo, Legislativo e Judiciário) e, no plano internacional, pelo chefe de Estado, por isso que é insindicável o

No entanto, é necessário ter em mente que essa imunização em relação à sindicabilidade da atuação da Administração Pública não pode ser tida por absoluta, considerando que a Lei n. 4.717/1965 abriu o caminho para permitir que o Poder Judiciário vá além da legalidade e adentre à análise da moralidade do ato[214].

6. DA DESNECESSIDADE DE PRÉVIA APROVAÇÃO LEGISLATIVA DE ATOS TÍPICOS DE EXECUÇÃO

O inciso XX do art. 99 da Constituição do Estado do Rio de Janeiro atribuiu à Assembleia Legislativa o poder de apreciar e aprovar convênios, convenções coletivas e contratos celebrados pelo Poder Executivo com os Governos Federal, Estadual e Municipal, entidades de direito público privado, ou particulares de que resultem encargos não previstos na lei orçamentária.

O inciso XXXI do mesmo dispositivo constitucional autorizava a Assembleia Legislativa do Estado do Rio de Janeiro a

poder exercido pelo presidente da República e, consequentemente, incabível a reclamação, porquanto juridicamente impossível submeter o ato presidencial à apreciação do Pretório Excelso. (Rcl 11.243, rel. p/ o ac. min. Luiz Fux, j. 8-6-2011, P, DJE de 5-10-2011.)

214 "No Brasil, como lembra Ada Pellegrini Grinover, foi a Lei n. 4.717/65 que 'abriu ao Judiciário a apreciação do mérito do ato administrativo', ao dispensar a aferição da legalidade do ato para sua anulação quando o mesmo for considerado lesivo. O movimento se completa quando, em 1999, é editada a Lei n. 9.784, que determina em seu art. 50 que 'todos os atos administrativos deverão ser motivados, com indicação dos fatos e fundamentos jurídicos [...]', permitindo uma mais profícua análise do ato por parte dos administrados e dos demais Poderes". BURGO, Vitor. *O controle dos atos administrativos pelo poder judiciário*, p.78. *In* GRINOVER, Ada Pelegrini, WATANABE, Kazuo (Orgs.). *O controle jurisdicional de políticas públicas.* Rio de Janeiro: Forense, 2011.

desaprovar atos de secretário de Estado, pela manifestação de 3/5 de seus membros.

O Supremo Tribunal Federal, reconhecendo que a Constituição Federal confere ao Poder Executivo um campo de competência exclusiva, manifestou seu entendimento no sentido de que a Constituição Estadual não poderá condicionar a validade de quaisquer atos do Poder Executivo, praticados nos estreitos limites de sua competência constitucional, à ratificação ou aprovação pela Assembleia Legislativa[215].

7. DA PROIBIÇÃO DE INTERFERÊNCIA DO PODER LEGISLATIVO NOS PROCESSOS ADMINISTRATIVOS FISCAIS

O §3º do art. 78 da Constituição do Estado do Paraná determinou que as decisões fazendárias de última instância contrárias ao erário, teriam sua eficácia condicionada à análise pelo *Tribunal de Contas* em sede de reexame necessário.

O Governador do Estado do Paraná ajuizou ação direta de inconstitucionalidade, tombada sob o n.º 523, sob a alegação de que o ato normativo hostilizado feriria o princípio da separação de poderes, porquanto o ato de lançamento tributário se insere no âmbito da competência exclusiva do Poder Executivo.

---

[215] "Norma que subordina convênios, acordos, contratos e atos de Secretários de Estado à aprovação da Assembléia Legislativa: inconstitucionalidade, porque ofensiva ao princípio da independência e harmonia dos poderes." (ADI 676, Rel. Min. Carlos Velloso, julgamento em 1º-7-1996, Plenário, *DJ de* 29-11-1996).

Ao julgar o feito, o Ministro Eros Roberto Grau manifestou o entendimento da Corte no sentido de que o Poder Legislativo ou seus órgãos auxiliares não são dotados de competência para analisar recursos interpostos contra decisões prolatadas em processos administrativos nos quais se discuta matéria tributária[216].

8. DA IMPOSSIBILIDADE DE ATUAÇÃO DE OUTROS PODERES QUANTO À MATÉRIA RESERVADA À LEI

O Supremo Tribunal Federal já deixou claro seu entendimento no sentido de que o Poder Judiciário não poderá se imiscuir nos assuntos que deverão ser tratados, com exclusividade, por lei[217].

---

216 "Artigo 78, § 3º, da Constituição do Estado do Paraná. Possibilidade de reexame, pelo Tribunal de Contas Estadual, das decisões fazendárias de última instância contrárias ao erário. Violação do disposto no artigo 2º e no artigo 70 da Constituição do Brasil. A Constituição do Brasil - artigo 70 - estabelece que compete ao Tribunal de Contas auxiliar o Legislativo na função de fiscalização a ele designada. Precedentes. Não cabe ao Poder Legislativo apreciar recursos interpostos contra decisões tomadas em processos administrativos nos quais se discuta questão tributária. Ação direta julgada procedente para declarar a inconstitucionalidade do § 3º do artigo 78 da Constituição do Estado do Paraná." (ADI 523, Rel. Min. Eros Grau, julgamento em 3-4-2008, Plenário, *DJE* de 17-10-2008)

217 "A reserva de lei constitui postulado revestido de função excludente, de caráter negativo, pois veda, nas matérias a ela sujeitas, quaisquer intervenções normativas, a título primário, de órgãos estatais não-legislativos. Essa cláusula constitucional, por sua vez, projeta-se em uma dimensão positiva, eis que a sua incidência reforça o princípio, que, fundado na autoridade da Constituição, impõe, à administração e à jurisdição, a necessária submissão aos comandos estatais emanados, exclusivamente, do legislador. Não cabe, ao Poder Judiciário, em tema regido pelo postulado constitucional da reserva de lei, atuar na anômala condição de legislador positivo (*RTJ* 126/48 - *RTJ* 143/57 - *RTJ*146/461-462

Assim sendo, o Poder Judiciário não está autorizado a realizar interpretação extensiva de conceitos legais, adentrando ao campo reservado à competência legal restrita, o que ocorreria nos casos de criação de exações tributárias ou mesmo concessão de isenções não previstas em instrumentos normativos primários[218].

- *RTJ* 153/765, *v.g.*), para, em assim agindo, proceder à imposição de seus próprios critérios, afastando, desse modo, os fatores que, no âmbito de nosso sistema constitucional, só podem ser legitimamente definidos pelo Parlamento. É que, se tal fosse possível, o Poder Judiciário - que não dispõe de função legislativa - passaria a desempenhar atribuição que lhe é institucionalmente estranha (a de legislador positivo), usurpando, desse modo, no contexto de um sistema de poderes essencialmente limitados, competência que não lhe pertence, com evidente transgressão ao princípio constitucional da separação de poderes." (MS 22.690, Rel. Min. Celso de Mello, julgamento em 17-4-1997, Plenário, *DJ* de 7-12-2006)

[218] IPI - Açúcar de Cana - Lei n. 8.393/91 (art. 2º) - Isenção fiscal - Critério espacial - Aplicabilidade - Exclusão de benefício - Alegada ofensa ao princípio da isonomia - Inocorrência - Norma legal destituída de conteúdo arbitrário - Atuação do judiciário como legislador positivo - Inadmissibilidade - Recurso improvido. (...) A exigência constitucional de lei em sentido formal para a veiculação ordinária de isenções tributárias impede que o Judiciário estenda semelhante benefício a quem, por razões impregnadas de legitimidade jurídica, não foi contemplado com esse '*favor legis*'. A extensão dos benefícios isencionais, por via jurisdicional, encontra limitação absoluta no dogma da separação de poderes. Os magistrados e Tribunais, que não dispõem de função legislativa - considerado o princípio da divisão funcional do poder -, não podem conceder, ainda que sob fundamento de isonomia, isenção tributária em favor daqueles a quem o legislador, com apoio em critérios impessoais, racionais e objetivos, não quis contemplar com a vantagem desse benefício de ordem legal. Entendimento diverso, que reconhecesse aos magistrados essa anômala função jurídica, equivaleria, em última análise, a converter o Poder Judiciário em inadmissível legislador positivo, condição institucional que lhe recusa a própria Lei Fundamental do Estado. Em tema de controle de constitucionalidade de atos estatais, o Poder Judiciário só deve atuar como legislador negativo. Precedentes." (AI 360.461-AgR, Rel. Min. Celso de Mello, julgamento em 6-12-2005, 2ª Turma, *DJE* de 28-3-2008)

9. DO ESTABELECIMENTO DE PRAZOS PARA A ATUAÇÃO DE ÓRGÃOS SUPREMOS

Conforme dispõe o § 2º do art. 103 da Carta Constitucional, quando o Supremo declarar a inconstitucionalidade por omissão, os órgãos administrativos deverão adotar as medidas necessárias cabíveis para supri-la no prazo de trinta dias.

A Lei n.º 50/04, do Estado do Amazonas, conferiu ao Poder Executivo prazo de sessenta dias para regulamentar a lei que permitiria às pessoas carentes a realização de exames de paternidade e maternidade, mediante a análise do DNA.

O Supremo Tribunal Federal, ao analisar a Ação Direta de Inconstitucionalidade n. 3.394, decidiu que o Legislativo não poderá atribuir ao Executivo prazo para que este edite norma regulamentadora de lei[219], tendo em vista a necessidade de respeito à independência e à harmonia entre os poderes.

---

[219] "Trata-se de ação direta na qual se pretende seja declarada inconstitucional lei amazonense que dispõe sobre a realização gratuita do exame de DNA. (...) Os demais incisos do artigo 2º, no entanto, não guardam compatibilidade com o texto constitucional. (...) No caso, no entanto, o preceito legal marca prazo para que o Executivo exerça função regulamentar de sua atribuição, o que ocorre amiúde, mas não deixa de afrontar o princípio da interdependência e harmonia entre os poderes. A determinação de prazo para que o Chefe do Executivo exerça função que lhe incumbe originariamente, sem que expressiva de dever de regulamentar, tenho-a por inconstitucional. Nesse sentido, veja-se a ADI n. 2.393, Relator o Ministro Sydney Sanches, DJ de 28-3-2003, e a ADI n. 546, Relator o Ministro Moreira Alves, DJ de 14-4-2000. (...) Ante o exposto, julgo parcialmente procedente o pedido formulado e declaro inconstitucionais os incisos I, III e IV, do artigo 2º, bem como a expressão 'no prazo de sessenta dias a contar da sua publicação', constante do *caput* do artigo 3º da Lei n. 50/04 do Estado do Amazonas." (ADI 3.394, Rel. Min. Eros Grau, julgamento em 2-4-2007, Plenário, *DJE* de 15-8-2008)

Um exame mais detido revela que a vedação a imposição de prazos se restringe ao exercício de competências específicas dos órgãos supremos. Isso faz com que esse raciocínio não possa ser aplicado nos casos de violação ao princípio da razoável duração do processo ou mesmo em razão do descumprimento injustificado de ordens judiciais[220].

10. DA IMPOSSIBILIDADE DE REVISÃO DE DECISÃO JUDICIAL PELO LEGISLATIVO

Os Poderes Legislativo e Executivo não estão autorizados a examinarem a justiça ou a injustiça de um ato jurisdicional[221]. Por essa razão, a Suprema Corte declarou inconstitucional o ato de instauração de uma Comissão Parlamentar de Inquérito para analisar o mérito de uma decisão proferida pelo Poder Judiciário[222].

---

[220] Esta Corte já firmou a orientação de que é possível a imposição de multa diária contra o poder público quando esse descumprir obrigação a ele imposta por força de decisão judicial. Não há falar em ofensa ao princípio da separação dos Poderes quando o Poder Judiciário desempenha regularmente a função jurisdicional. (AI 732.188 AgR, rel. min. Dias Toffoli, j. 12-6-2012, 1ª T, DJE de 1º-8-2012.)

[221] Essa ideia não é nova, pois como registra Adeodato: "A Constituição Francesa de 1791, por exemplo, proibia o legislativo de julgar e impedia os tribunais de interferir no processo legislativo, expressamente vedando suspender a execução de leis". ADEODATO, João Maurício. *Adeus à Separação de Poderes? In* NOVELINO, Marcelo (org.). *Leituras Complementares de Direito Constitucional - Teoria da Constituição.* Juspodivm: Salvador, 2009, p. 283.

[222] O acerto ou desacerto da concessão de liminar em mandado de segurança, por traduzir ato jurisdicional, não pode ser examinado no âmbito do Legislativo, diante do princípio da separação de poderes. O próprio Regimento Interno do Senado não admite CPI sobre matéria pertinente às atribuições do Poder Judiciário (art. 146, II)." (HC 86.581, Rel. Min. Ellen Gracie, julgamento em 23-2-2006, Plenário, *DJ* de 19-5-2006)

11. DA COMPETÊNCIA EXCLUSIVA DO PODER EXECUTIVO PARA A FORMULAÇÃO E A EXECUÇÃO DE POLÍTICAS PÚBLICAS

A Constituição atribui ao Legislativo e ao Executivo a competência para formular e executar políticas públicas. Assim, o Poder Judiciário deverá limitar-se à análise da validade das disposições que materializam tais políticas, salvo naquelas hipóteses em que os órgãos estatais incumbidos da implantação do programa se omitam de forma que venham a comprometer a eficácia e a integridade dos direitos individuais ou coletivos[223].

Ao prolatar decisão monocrática nos autos da ADPF 45/MC-DF, o Ministro Celso de Mello expressou o entendimento da Suprema Corte Brasileira no sentido de que se é certo que a formulação e implementação das políticas públicas não se inserem no âmbito das atribuições do Poder Judiciário. No entanto, este Órgão Supremo não poderá manter-se inerte diante da omissão de órgãos e entidades do Poder Executivo.

---

[223] "Embora resida, primariamente, nos Poderes Legislativo e Executivo, a prerrogativa de formular e executar políticas públicas, revela-se possível, no entanto, ao Poder Judiciário, determinar, ainda que em bases excepcionais, especialmente nas hipóteses de políticas públicas definidas pela própria Constituição, sejam estas implementadas pelos órgãos estatais inadimplentes, cuja omissão – por importar em descumprimento dos encargos político-jurídicos que sobre eles incidem em caráter mandatório – mostra-se apta a comprometer a eficácia e a integridade de direitos sociais e culturais impregnados de estatura constitucional. A questão pertinente à 'reserva do possível'." (RE 436.996-AgR, Rel. Min. Celso de Mello, julgamento em 22-11-2005, 2ª Turma, *DJ* de 3-2-2006). No mesmo sentido: RE 595.595-AgR, Rel. Min. Eros Grau, julgamento em 28-4-2009, 2ª Turma, *DJE* de 29-5-2009.

O Ministro relator manifestou o entendimento da Corte no sentido de que a concretização dos direitos sociais, econômicos e culturais, mediante a atuação do Poder Judiciário depende da análise do binômio: *razoabilidade da pretensão* individual ou coletiva deduzida em face do Poder Público e da existência de *disponibilidade financeira* do Estado.

Em relação à razoabilidade da pretensão, entendeu o Ministro Relator que, se de um lado, a omissão estatal não pode nulificar o direito a condições mínimas de existência digna, de outro **é necessário considerar** que a pretensão deve ser dotada de um mínimo de razoabilidade.

A professora Ada Pellegrini Grinover assim exemplifica a necessidade de observância do *postulado* da *razoabilidade*: "Imagine-se que a Prefeitura decide construir um hospital num bairro pobre, que não tem saneamento básico, sendo que em bairro próximo existe outro hospital. Qual o mínimo existencial que deverá prevalecer? É aí que entra em ação o princípio da razoabilidade, que poderá ser utilizado para corrigir uma política pública equivocada"[224].

É preciso considerar ainda que a realização de direitos sociais, econômicos e culturais depende da capacidade econômico-financeira do Estado. Contudo, a chamada *cláusula da reserva do possível* não poderá ser impunemente invocada pelo ente estatal como mera desculpa para fugir de suas obrigações.

---

[224] GRINOVER, Ada Pellegrini. *O controle judicial das políticas públicas. In* GRINOVER, Ada Pelegrini, WATANABE, Kazuo (Orgs.). *O controle jurisdicional de políticas públicas.* Rio de Janeiro: Forense, 2011, p.126.

A essencialidade do princípio da dignidade da pessoa humana impõe ao intérprete a obrigação de considerar que a finalidade do Estado é obter recursos para cumprir os objetivos fundamentais contidos na Carta Constitucional[225]. Com base nesse antecedente, é possível inferir que o sistema constitucional impõe ao Estado o dever de priorizar seus gastos, de modo que tão somente após atingir o mínimo existencial é possível discutir o destino dos recursos remanescentes[226].

12. DA RESERVA DE COMPETÊNCIA DOS ÓRGÃOS COLEGIADOS

O Supremo Tribunal Federal tem manifestado seu entendimento no sentido de que algumas atribuições devem ser, nos moldes da cláusula de reserva de plenário, desempenhadas de forma coletiva, e não pelos membros do poder, considerados individualmente.

O Presidente da Assembleia Legislativa do Estado de São Paulo, diante do veto oposto pelo Governador Geraldo Alckmin, promulgou a Lei nº 10.869/2001, que conferia a qualquer deputado estadual o poder de fiscalizar e controlar órgãos do Executivo, permitindo-lhe o exame de qualquer documento, processo, arquivo ou expediente.

O Supremo Tribunal Federal manifestou seu entendimento no sentido de que, de fato, a fiscalização legislativa da ação administrativa é um dos mecanismos do sistema de freios e contrapesos previstos na Constituição Federal. No entanto, o

---

225 BARCELLOS, Ana Paula de. *A eficácia jurídica dos princípios constitucionais: o princípio da dignidade da pessoa humana*. Rio de Janeiro, Renovar, 2011, p.245.

226 *Ibid.*, p.246.

exercício dessa intervenção só se legitima se for exercido nos estreitos limites dispostos na Carta Constitucional, de modo que os Estados membros da federação não poderão criar novas modalidades de interferências de um poder na órbita do outro.

Com base nessa premissa, a Suprema Corte consolidou seu entendimento no sentido de que a Carta Federal prevê que o exercício da função fiscalizadora pelo Poder Legislativo deve ser atribuído aos **órgãos colegiados** das Casas Legislativas, e não aos seus membros[227]. Como resultado, a Lei **nº** 10.869/2001 do Estado de São Paulo foi declarada inconstitucional.

13. DA AUTORIZAÇÃO DE AUSÊNCIA DO CHEFE DO PODER EXECUTIVO

O art. 49, III da Carta Constitucional confere ao Congresso Nacional a competência para autorizar o Presidente da República a se ausentar do território nacional, quando o afastamento se der por período superior a quinze dias.

Assim, o Supremo Tribunal Federal entendeu que qualquer lei que conceda ao poder legislativo estadual competência para autorizar governador de Estado a se ausentar do País por *qualquer lapso temporal* deve ser considerada inconstitucional[228], por afrontar a harmonia e a independência entre os poderes.

---

[227] ADI 3.046, Rel. Min. Sepúlveda Pertence, julgamento em 15-4-2004, Plenário, *DJ* de 28-5-2004.

[228] "Afronta os princípios constitucionais da harmonia e independência entre os Poderes e da liberdade de locomoção norma estadual que exige prévia licença da Assembléia Legislativa para que o Governador e o Vice-Governador possam ausentar-se do País por qualquer prazo. Espécie de autorização que, segundo o modelo federal, somente se justifica quando o afastamento exceder a quinze dias. Aplicação do princípio da simetria." (ADI 738, Rel. Min. Maurício Corrêa, julgamento em 13-11-2002, *DJ* de 7-2-2003).

14. DA PARTICIPAÇÃO DE REPRESENTANTE DE ASSEMBLEIA LEGISLATIVA EM ÓRGÃO DA ADMINISTRAÇÃO ESTADUAL

A Emenda Constitucional n. 24, de 26 de março de 2002, alterou o art. 203 da Constituição do Estado de Alagoas para determinar que o Conselho Estadual de Educação deveria contar com a participação de representantes das instituições públicas e dos professores das redes pública e particular de ensino; pais dos educandos e dos órgãos de representação de estudantes e um representante indicado pela Assembleia Legislativa, escolhido dentre cidadãos de notório saber e reputação ilibada, com comprovada experiência na área educacional.

O Governador do Estado ajuizou ação direta de inconstitucionalidade com fundamento na tese de que o Conselho Estadual de Educação é um órgão de assessoramento e deliberação do Poder Executivo, o que torna seus membros integrantes da categoria de agentes honoríficos. Por tal razão, sua organização, estrutura e composição são competências precipuamente atribuídas ao Poder Executivo, a quem é confiada a tarefa de administrar o Estado.

O Supremo Tribunal Federal manifestou seu entendimento no sentido de que lei que torna obrigatória a participação de membro do Poder Legislativo em órgão da Administração Pública estadual contraria o princípio da separação de poderes, uma vez que se mostra como técnica de freio e contrapeso não prevista no texto constitucional[229].

---

[229] "Separação e independência dos Poderes: plausibilidade da alegação de ofensa do princípio fundamental pela inserção de representante da Assembléia Legislativa, por essa escolhido, em órgão do Poder Executivo local, qual o

15. DA OBSTRUÇÃO À ATUAÇÃO JURISDICIONAL

A Medida Provisória n.º 375, de 23 de novembro de 1993 limitou a concessão de liminares contra órgãos ou entidades da Administração Pública, o que motivou o Conselho Federal da Ordem dos Advogados do Brasil a ajuizar ação direta de inconstitucionalidade, tombada sob o número 975-MC.

O Supremo manifestou seu entendimento no sentido de que quaisquer atos normativos que proíbam a concessão de medidas liminares contra a Fazenda Pública devem ser considerados como obstáculos indevidos à atuação do Poder Judiciário e, nessa qualidade, devem ser entendidos como inconstitucionais por violarem o princípio da separação de poderes[230].

Com base no fundamento acima exposto, a Excelsa Corte concedeu a *medida cautelar* pleiteada para suspender, até a decisão final da ação, os efeitos do art. 2º; do art. 4º; do inciso III do art. 5º e os seus §§ 3º, 4º, 5º e 6º todos da Medida Provisória nº 375, de 23 de novembro de 1993.

Conselho Estadual de Educação, que não constitui contrapeso assimilável aos do modelo constitucional positivo do regime de Poderes." (ADI 2.654-MC, Rel. Min. Sepúlveda Pertence, julgamento em 26-6-2002, Plenário, *DJ* de 23-8-2002)

230 "Suspensão dos efeitos e da eficácia da Medida Provisória n. 375, de 23-11-1993, que, a pretexto de regular a concessão de medidas cautelares inominadas (CPC, art. 798) e de liminares em mandado de segurança (Lei n. 1.533/51, art. 7º, II) e em ações civis públicas (Lei n. 7.347/85, art. 12), acaba por vedar a concessão de tais medidas, além de obstruir o serviço da Justiça, criando obstáculos à obtenção da prestação jurisdicional e atentando contra a separação dos poderes, porque sujeita o Judiciário ao Poder Executivo." (ADI 975-MC, Rel. Min. Carlos Velloso, julgamento em 9-12-1993, Plenário, *DJ* de 20-6-1997)

Em 1º de fevereiro de 2002, o Supremo Tribunal Federal julgou prejudicada a ação direta de inconstitucionalidade, tendo em vista *a perda da eficácia da medida provisória atacada.* Como resultado, a medida liminar anteriormente deferida também perdeu sua eficácia.

7

REFLEXÕES SOBRE OS CICLOS DE PROTAGONISMO DOS ÓRGÃOS DE PODER

1. INTRODUÇÃO

Nos últimos trezentos e cinquenta anos as relações entre os órgãos de poder jamais se apresentaram como equilibradas, pois desde o início da Idade Moderna, Legislativo, Executivo e Judiciário se alternam no posto de protagonistas no cenário jurídico e político[231].

Antes de iniciarmos a análise das possíveis causas determinantes desse fenômeno de protagonismo dos órgãos de poder, é necessário advertir que não podemos confundir a *preeminência* de um órgão supremo com mera *superioridade hierárquica.*

Por essa razão, procurei empregar um termo que pudesse traduzir uma situação na qual, em um determinado momento histórico, um órgão de poder se encontra em uma posição de evidência no cenário jurídico-político, mas não está autorizado a interferir na independência dos demais.

---

231 GUASTINI, Riccardo. *Estúdios de teoría constitucional.* 4.ed. Ciudad de Mexico, 2013, p.61.

Assim, optei pelo emprego dos vocábulos *protagonismo* e *preeminência* para indicar uma situação na qual, apesar de não se encontrar em posição de supremacia hierárquica, um dado órgão supremo desempenha atribuições que permitem que ele se apresente em uma posição de maior evidência em um dado momento histórico.

Antes de darmos início a nossa exposição, é necessário ressaltar que o protagonismo dos órgãos de poder não se manifesta da mesma forma, com a mesma intensidade, ou de modo sincronizado nas diversas sociedades. Assim, são questionáveis quaisquer afirmações no sentido de que em todas as sociedades os ciclos de preeminência dos órgãos de poder tiveram início com a prevalência do legislativo, passaram pela do Executivo e se encerraram com a do Judiciário.

Este capítulo toma como premissa a constatação de que os ciclos de preeminência dos órgãos de poder na Europa Ocidental não ocorreram do mesmo modo observado nas Américas. A partir desse antecedente analisaremos os fenômenos do protagonismo do Poder Legislativo na Inglaterra e na França e da preeminência do Poder Executivo nos Estados Unidos. Por fim, trataremos brevemente da atual tendência à preeminência do Poder Judiciário no Brasil.

2. DO PROTAGONISMO DO LEGISLATIVO NA EUROPA OCIDENTAL

Antes de iniciarmos é necessário advertir os leitores que, mesmo na Europa, o protagonismo do Poder Legislativo não se revelou como uma tendência que se materializou em todos os lugares, ao mesmo tempo ou com a mesma intensidade.

Decerto, a análise histórica revela que o protagonismo do Poder Legislativo foi um fenômeno típico de *alguns* Estados Europeus, que teve início no final do século XVII na Inglaterra e a partir do último quartel do século XVIII na França.

Considerando o patente apartamento geográfico e cronológico, é necessário que entendamos que muitos foram os fatores contribuíram para firmar a propensão de preeminência do Poder Legislativo sobre os demais. No entanto, limitaremos à análise de apenas três: fatores de ordem histórica, apego às concepções clássicas da separação dos poderes e a adoção do sistema de governo parlamentarista.

2.1. Fatores históricos

Em meados do século XV, teve início na Inglaterra o ciclo de supremacia do Legislativo. Em 1649, com a instauração do chamado *Rump Parliament*, foi decretado que o exercício da função legislativa deveria ser atribuído, com exclusividade, ao Parlamento. Piçarra registra que esse movimento teve como pano de fundo a forte rejeição à concepção aristotélica de constituição mista, tendo em vista a rápida difusão de um novo conceito – a soberania popular.

A veracidade dessa assertiva pode ser confirmada diante da constatação de que, meio século antes do nascimento do Rousseau, o Parlamento Inglês já reconhecia que "o povo, após Deus, a origem de todo o justo poder e os Comuns da Inglaterra, reunidos em Parlamento, escolhidos pelo povo e seus representantes, detêm o poder supremo da nação"[232].

---

[232] PIÇARRA, Nuno. *A separação dos poderes como doutrina e princípio constitucional: um contributo para o estudo das suas origens e evolução.* Coimbra: Coimbra Editora, 1989, p.54.

Em 1653, o *Instrument of Government* conferia ao Parlamento o monopólio do exercício da função legislativa. Segundo o modelo institucional inglês, o equilíbrio entre os órgãos de poder era obtido pela outorga de poder de veto ao *Lord Protector*, cargo ocupado por Oliver Cromwell, o que lhe conferia um pleno controle da atuação do Parlamento.

Na França, o surgimento de um ambiente favorável à supremacia do Legislativo teve de esperar por mais de um século e somente encontrou as condições propícias a sua introdução no ideário político jurídico com a vitória dos revolucionários, ocorrida em 1789. É necessário o registro de que a consolidação da posição hegemônica do Poder Legislativo somente encontrou campo fértil com a instauração de um governo republicano, o que ocorreu após a execução de Louis XVI, em janeiro de 1793.

2.2. O apego às concepções clássicas de separação dos poderes

Uma leitura dos clássicos logo deixa claro que nem Locke nem Montesquieu tiveram a preocupação de atribuir aos órgãos supremos um mesmo peso ou importância; ao contrário, esses autores conceberam que a distribuição das funções estatais se daria de tal forma que os órgãos de poder jamais poderiam se apresentar no cenário jurídico-político em situação de perfeita igualdade.

A legitimação teórica da moderna concepção de supremacia do Parlamento teve início em 1690 pela pena de John Locke. A leitura da obra do autor inglês revela que suas ideias tiveram como ponto central a impossibilidade de se conceber uma

"[...] igualdade hierárquica entre os poderes"[233]. Considerando o conturbado contexto histórico que antecedeu a tomada do Trono por William of Orange, o célebre liberal inglês concebeu que o legislativo deveria ocupar uma posição central no cenário jurídico-político.

A tese apresentada pelo autor inglês toma como premissa central a constatação de que o exercício de todas as funções estatais dependeria da prévia atuação do Parlamento, de modo que os poderes estariam subordinados às deliberações legislativas[234]. Merece registro o fato de que a supremacia do Legislativo foi tratada por Locke de forma aberta, pois o autor concebia que *somente um órgão superior estaria em condições de prescrever o comportamento dos demais*[235].

Apesar de não haver advogado a tese da supremacia do Legislativo de forma tão explícita quanto seu predecessor

---

233 BRANCO, Paulo Gustavo Gonet. *Juízo de ponderação na jurisdição constitucional.* São Paulo: Saraiva, 2012, p.17.

234 "Embora uma comunidade constituída, erigida sobre a base popular e atuando conforme sua própria natureza, isto é, agindo sempre em busca de sua própria preservação, somente possa existir um poder supremo, que é o legislativo, ao qual tudo o mais deve ser subordinado, sendo, todavia o legislativo somente um poder fiduciário que entra em ação apenas em certos casos, cabe ainda ao povo o poder supremo para afastar ou modificar o legislativo, se constatar que age contra a intenção do encargo que lhe confiaram". LOCKE, John. *Segundo tratado sobre o governo civil.* São Paulo: Abril Cultural, 1973, p.101.

235 "Como a forma de governo depende da condição do poder supremo - que é o legislativo - pois é inconcebível que o poder inferior prescreva ao superior, ou que outro poder não supremo faça as leis -, o modo de se estabelecer o poder legislativo [...]".LOCKE, John. *Segundo tratado sobre o governo civil.* São Paulo: Abril Cultural, 1973, p.101

inglês, a leitura da obra de Montesquieu permite inferir que para o autor a supremacia do poder legislativo era também inquestionável, uma vez que "[...] qualquer que seja a atividade estatal, esta deverá sempre ser precedida por normas do último tipo citado, isto é, normas abstratas e gerais denominadas Leis. Os atos concretos, ainda segundo a teoria ora exposta, só serão legítimos na medida em que forem praticados com fundamento nas normas gerais"[236].

De outro modo não poderia ser, já que o Barão de La Brède concebeu um complexo sistema de maximização da liberdade, cujo funcionamento dependia do correto emprego de mecanismos de contenção daquilo que hoje conhecemos como Poder Executivo. Dessa forma, a atuação desse órgão supremo só haveria de ser considerada legítima se estivesse autorizada por um ato normativo previamente emitido pelo Poder Legislativo.

No entanto, foi com Rousseau que a preeminência do legislativo atingiu seu auge, já que o autor genebrino consolidou o entendimento no sentido de que nenhum outro poder poderia interferir na atuação desse órgão estatal, já que a este era conferida a importantíssima tarefa de garantir a liberdade de todos os cidadãos[237].

---

[236] BASTOS, Celso Ribeiro. *Curso de direito constitucional.* 22. ed. São Paulo: Saraiva, 2001, p.353.

[237] PIÇARRA, Nuno. *A separação dos poderes como doutrina e princípio constitucional: um contributo para o estudo das suas origens e evolução.* Coimbra: Coimbra Editora, 1989, p.138.

2.3. A adoção do sistema parlamentarista de governo e a preponderância do Poder Legislativo

Com o triunfo da Revolução Francesa, o sistema de governo parlamentar espraiou-se por toda a Europa e se firmou como modelo dominante naquele continente[238].

Apesar de o sistema parlamentarista haver sido criado com base em um ideal de *colaboração de poderes*[239], *a história demonstra que a realidade alçou o parlamento a uma posição de inquestionável protagonismo.*

A difusão do modelo monista acentuou-se ainda mais a clara preponderância do poder legislativo, diante da entrega da autoridade estatal máxima ao gabinete de ministros, com o consequente afastamento do Chefe de Estado do exercício efetivo de qualquer função de governo.

No entanto, somente no século XX, com a adoção do parlamentarismo misto, houve um claro movimento de retomada do protagonismo do Poder Executivo no cenário político, como decorrência do inquestionável fortalecimento dos poderes do Chefe de Estado.

---

238 FERREIRA FILHO, Manoel Gonçalves. *Curso de direito constitucional*. 40. ed. São Paulo: Saraiva, 2015, p.147.

239 "Mais, dès la fin du XVIIIe siècle les Anglais en étaient arrivés, *empiriquement*, au régime parlementaire qui peut se definir ainsi: *regime dans laquel les organes de l'État collaborent et dépendent mutuellement*". GIQUEL, Jean. *Droit constitutionnel et institutions politiques*. Paris: Montchrestien, 2009, p.119.

3. O MODELO AMERICANO E A PREEMINÊNCIA DO PODER EXECUTIVO

Ao deixarmos o continente Europeu fica evidente a existência de uma profunda mudança do equilíbrio institucional entre os órgãos de poder, já que o processo de formação dos Estados Unidos foi marcado por um forte sentimento de desconfiança e ressentimento em relação ao Parlamento Inglês, causado pela atuação arbitrária deste nos momentos que antecederam a independência[240] das antigas colônias.

Por essa razão, os constituintes norte-americanos conceberam um sistema de governo no qual, ao contrário do que ocorria na antiga metrópole, o Chefe do Poder Executivo deveria ocupar uma posição central no cenário jurídico político do novo Estado.

É necessário deixar claro para o leitor que a situação de preeminência do Poder Executivo foi intencional. Prova disso é que no curso dos debates que antecederam a elaboração da constituição dos Estados Unidos, James Madison defendeu a ideia de que a manutenção de um ambiente de normalidade institucional dependeria, necessariamente, do evidente

---

240 "A desconfiança para com o Parlamento pode ser retrocedida aos fatores desencadeadores da independência americana. Leis arbitrárias britânicas das vésperas da independência indignaram os colonos, que se viram como deliberações espúrias de um parlamento corrompido, que se arrogara um poder limitado. O Parlamento Britânico se assomou aos colonos como força hostil à liberdade. A nova nação deveria premunir-se contra a legislatura propensa a medidas tirânicas". BRANCO, Paulo Gustavo Gonet. *Juízo de ponderação na jurisdição constitucional*. São Paulo: Saraiva, 2012, p.46.

fortalecimento do Poder Executivo[241]. Desse modo, seria imprescindível dar a este órgão supremo melhores condições de promover sua autodefesa, já que o Legislativo seria naturalmente dotado de condições de fazer prevalecer sua vontade[242].

Essa nova configuração institucional foi trasladada da doutrina para o direito constitucional positivo, com a adoção do sistema presidencialista de governo, modelo que em pouquíssimo tempo foi exportado para toda a América Latina.

---

241 "Não é possível, porém, atribuir a cada um dos ramos do poder uma capacidade igual de autodefesa. No governo republicano predomina necessariamente a autoridade legislativa. A solução para este inconveniente está em repartir essa autoridade entre diferentes ramos e torná-los, utilizando maneiras diferenciadas de eleição e distintos princípios de ação, tão pouco interligados quanto for permitido por suas funções comuns e dependência da mesma comunidade. Talvez sejam até necessárias precauções adicionais contra perigosas usurpações. Como a importância da autoridade legislativa conduz a tal repartição, a fraqueza do Executivo, por sua vez, pode exigir que ele seja reforçado. O direito de veto absoluto sobre o Legislativo parece, à primeira vista, ser o instrumento natural com que o Executivo deva ser armado, mas isso talvez não seja nem seguro nem isoladamente suficiente. Em situações normais o veto pode ser expedido sem a necessária firmeza e, nas extraordinárias, com abusiva perfídia. Poderá essa imperfeição do veto absoluto ser corrigida por alguma conexão entre o ramo mais fraco do governo e o setor mais fraco do ramo mais forte, através da qual este setor possa apoiar os direitos constitucionais do primeiro sem afetar demais os direitos de seu próprio ramo?" HAMILTON, Alexander, MADISON, James, JAY, John. *O Federalista*. São Paulo: Russell, 2003, p.322-323.

242 "O Legislativo está, por toda parte, estendendo a esfera de suas atividades e abarcando o poder com seus ambiciosos tentáculos." HAMILTON, Alexander; MADISON, James; JAY, John. *Idem*, p.307.

4. A HEGEMONIA DO PODER EXECUTIVO NO BRASIL

O processo de formação das instituições jurídico-políticas dos países latino-americanos foi influenciado tanto pelo iluminismo europeu, que dá destaque ao Poder Legislativo, quanto pelo constitucionalismo norte-americano que, ao adotar o sistema presidencialista de governo, põe o Poder Executivo em uma inquestionável posição de protagonismo.

No entanto, uma rápida análise do que ocorreu na América Latina a partir de meados do século XIX deixa claro que os países da Região conceberam uma versão própria do sistema presidencialista, que não se identifica plenamente com o modelo norte-americano, uma vez que não foram concebidos mecanismos eficazes de contenção dos poderes do chefe do Executivo.

A falta de instituições sólidas favoreceu o florescimento de relações marcadas pelo patrimonialismo e pelo nepotismo. Essa situação tem desempenhado um importante papel no quadro de instabilidade institucional vivido pelos países da Região.

Além disso, a apatia das Casas Legislativas, somada à inexistência de mecanismos que permitiam a efetiva participação do povo na condução dos assuntos de Estado[243] e à

---

[243] "Esse equilíbrio e as formas de mantê-lo, foi estabelecido no Brasil na Constituição de 1891, e, de certo modo, ignorado pelos primeiros presidentes da República que, como assinala Rocha, usaram, arbitrariamente, o poder Executivo para subjugar os outros poderes. Por outro lado, continua Rocha, não havendo, praticamente, partidos políticos nacionais durante a Primeira República, as decisões políticas eram, quase sempre, tomadas pelo Presidente e pelos chefes políticos dos grandes Estados, em completa ignorância dos mecanismos de participação ou representação popular". GRILLO, Vera de Araújo. *A*

falta de partidos políticos fortes, tornou possível que muitos Presidentes das Repúblicas latino-americanas fossem investidos de poderes quase absolutos.

Cientes de sua pouca capacidade de exercer um papel central nos governos de seus países, muitos parlamentares se voltam para a representação de interesses regionais e pessoais. Frequentemente esse comportamento está maculado pela ilegalidade, pelo clientelismo ou mesmo pela imoralidade.

Apesar de haver sido elaborada com o objetivo de permitir a existência de um Legislativo forte[244], a Carta Constitucional

---

separação de poderes no Brasil: legislativo x executivo: uma análise a partir dos discursos dos Congressistas sobre assuntos de política externa de 1975 a 1985. Itajaí: Univali, 2000, p.44.

244 "Convertido em Poder, o Legislativo, que era chancelador formal dos atos do Executivo, tem necessidade, agora, de um arcabouço sólido que permita atender às exigências do novo texto constitucional.
[...]
O fortalecimento do Poder Legislativo é uma realidade em face do conjunto de dispositivos constitucionais que formalizam a Comissão Mista Permanente do Orçamento; que tratam da permissão para apresentar projetos ou emendas majoradoras ou redutoras de despesas, consagrando, assim, a participação na feitura do orçamento; que extinguem o decreto-lei na forma autoritária que o revestia, embora ele se recomponha mais modestamente nas chamadas 'medidas provisórias'; na participação da concessão ou renovação de freqüências e canais de rádio e televisão, como última instância; na competência para fixar ou modificar o efetivo das Forças Armadas; na indicação de 2/3 de membros do Tribunal de Contas da União; na sustação de atos normativos do Governo; nas decisões sobre o veto presidencial com maioria absoluta e não mais com a exigência de 2/3 como na Carta anterior; no fortalecimento das comissões técnicas armadas de poderes para aprovar projetos, simplificando e desburocratizando o processo legislativo; no veto do Legislativo aos acordos e tratados internacionais, enfim, na ampla participação e fiscalização do Executivo". BONAVIDES, Paulo; Andrade, Paes de. *História constitucional do Brasil.* Brasília: Paz e Terra, 1989, p.499-500.

de 1988, "[...] tornou o Congresso refém do Executivo em todas as questões referentes à legislação ordinária", pelo veto, pela sanção ou diante da grande número de hipóteses na qual o Executivo é dotado de competência exclusiva para dar início ao processo legislativo[245].

Além disso, a arquitetura da atuação institucional faz com que os poderes do Presidente sejam extensos e concentrados, já que também abrangem[246]: a) a chefia da Administração Pública federal; b) o comando supremo das forças armadas; e c) a direção da política externa.

5. A INFLUÊNCIA DAS REVOLUÇÕES CIENTÍFICO-TECNOLÓGICAS NAS RELAÇÕES ENTRE OS ÓRGÃOS DE PODER

Os admiráveis avanços científicos e tecnológicos dos últimos três séculos afetaram profundamente nossos modos de ver e de compreender o mundo. As mudanças foram tão espantosas que se fosse possível transportar um europeu do século XVIII para o presente, esse viajante do tempo certamente teria dificuldades para entender e aceitar nossos costumes, ficaria deslumbrado com a vida confortável da qual desfrutamos, assombrado com o grande número de serviços prestados pelos Estados e maravilhado com o funcionamento das instituições jurídicas e políticas do mundo contemporâneo.

---

245 "[...] e o presidente refém do Congresso em tudo o que requer reforma constitucional". LAMOUNIER. *Da independência a Lula: dois séculos de política brasileira*. São Paulo: Augurium, 2005, p.245.

246 BONAVIDES, Paulo. *Ciência política*. 10. ed. São Paulo: Malheiros, 1999, p.298.

As diferenças entre essas duas realidades não poderiam ser maiores, especialmente se considerarmos que para os europeus de antes do início do século XIX, o mundo era rural, local, a maioria das pessoas era analfabeta, os deslocamentos eram feitos a pé ou a cavalo; não havia eletricidade, canetas esferográficas, sabonetes, refrigerantes, palitos de fósforo, isqueiros, água corrente, lâminas de barbear, relógios de pulso, vasos sanitários, xampus, anestesia, desinfetantes, antibióticos ou papel higiênico; as escovas de dentes eram feitas de pelos de porcos ou crina de cavalo e a expectativa média de vida era de menos de quarenta e cinco anos. Nesse mundo estranho os governos pouco participavam da vida do indivíduo comum[247], e quando essa interferência ocorria, ela geralmente se dava mediante a atuação de policiais, cobradores de impostos e juízes[248].

---

[247] "O mundo em 1789 era, portanto, para a maioria dos seus habitantes, incalculavelmente grande. A maioria deles, a não ser que fossem arrancados da sua terrinha por algum terrível acontecimento, como o recrutamento militar, viviam e morriam no distrito ou mesmo na paróquia onde nasceram: ainda em 1861, mais de nove em cada dez habitantes de 70 dos 90 departamentos franceses moravam no departamento onde nasceram. O resto do mundo era assunto dos agentes governamentais e dos boatos. Não havia jornais, exceto os pouquíssimos periódicos das classes média e alta - ainda em 1814 era de apenas 5 mil exemplares a circulação de um jornal francês -, e de qualquer forma, muito pouca gente sabia ler. As notícias chegavam à maioria das pessoas através dos viajantes e do setor móvel da população: mercadores e mascates, artesãos itinerantes, trabalhadores de temporada, grande e confusa população de andarilhos que ia desde frades ou peregrinos até contrabandistas, ladrões e o populacho; e, é claro, através dos soldados que caíam sobre o povo durante as guerras e o aquartelavam nos períodos de paz". HOBSBAWM, Eric. *A Era das Revoluções.* 15. ed. Rio de Janeiro: Paz e Terra, 1977, p.26.

[248] PIÇARRA, Nuno. *A separação dos poderes como doutrina e princípio constitucional: um contributo para o estudo das suas origens e evolução.* Coimbra: Coimbra Editora, 1989, p.50.

Em contraste, o mundo em que vivemos é urbano, as sociedades interagem com espantosa intensidade, as pessoas são mais asseadas, vivem mais, deslocam-se com grande velocidade, fazem uso diário de um grande número de aparelhos elétricos e eletrônicos, se comunicam mais e têm acesso a um gigantesco volume de informações.

Além disso, para que pudéssemos desfrutar dos confortos da vida no mundo contemporâneo, tornou-se necessário que o Estado se convertesse em uma instituição cada vez maior, mais presente, capaz de prestar uma enorme quantidade de serviços em favor de seus cidadãos e de realizar um grande número de intervenções em diversos aspectos de suas vidas.

Em razão dessas transformações, a partir de meados do século XIX, o Estado se tornou um ente absolutamente onipresente, de modo que passamos a necessitar dele em quase todos os aspectos importantes de nossas vidas. De fato, o Poder Público tem estado presente na determinação do modo como educamos nossos filhos e construímos nossas casas; na regulamentação das relações de trabalho; na manutenção de serviços de transporte público e de telecomunicações; no fornecimento de energia elétrica, gás e água potável; nas prestações relativas à de garantia de programas de renda mínima, educação, alimentação, saúde e habitação[249]; e na proteção das relações contratuais, especialmente as de consumo[250].

---

[249] STRECK, Lênio Luiz e MORAIS, José Luiz Bolzan de. *Ciência política e teoria do Estado*. 5. ed. Porto Alegre: Livraria do Advogado, 2006, p.79.

[250] CLÈVE, Clèmerson Merlin. *Atividade legislativa do Poder Executivo no Estado contemporâneo e na Constituição de 1988*. São Paulo: RT, 1993, p.43.

Com o aumento do número e da importância das atividades desempenhadas, pelo Estado houve um aumento significativo no grau de interferência do poder Executivo na vida diária das pessoas[251]. Como resultado desse complexo processo, este órgão supremo foi alçado ao posto de órgão de destaque no cenário jurídico-político de todo o mundo ocidental.

Por fim, não podemos deixar de notar que a redução da importância do legislativo foi um processo catalisado pela rápida perda de legitimidade dos Parlamentos a partir do fim da II Guerra. A análise das causas do conflito demonstrou que esses órgãos supremos se mostraram coniventes, ineficazes ou impotentes ante a atuação de governos totalitários, direta ou indiretamente envolvidas na morte de mais de 20 milhões de pessoas[252].

É necessário salientar, contudo, que o exame das relações entre os órgãos de poder aponta para uma nova tendência que não havia sido imaginada pelos autores clássicos: o protagonismo do Poder Judiciário, fenômeno que será analisado a seguir.

---

251 "hegemonia do Executivo, se não estiver institucionalizada de modo expresso, acontecerá quando as circunstâncias sociais e políticas o permitirem". GRILLO, Vera de Araújo. *A separação de poderes no Brasil: legislativo x executivo: uma análise a partir dos discursos dos Congressistas sobre assuntos de política externa de 1975 a 1985*. Itajaí: Univali, 2000, p.25.

252 BRANCO, Paulo Gustavo Gonet. *Juízo de ponderação na jurisdição constitucional*. São Paulo: Saraiva, 2012, p.35.

6. A PREEMINÊNCIA DO PODER JUDICIÁRIO

De acordo com o constitucionalismo clássico, os modelos de distribuição de funções dentre órgãos independentes foram elaborados com o objetivo de conter a atuação dos monarcas absolutistas. Essa limitação seria levada a cabo mediante a ampliação dos poderes do Legislativo. Um exame mais atento de tais paradigmas deixa claro que em seu núcleo encontramos a regulamentação das relações entre o *legislativo* e o *executivo.*

A leitura dos clássicos evidencia que Locke não concebeu a existência de um judiciário autônomo. Montesquieu, por sua vez, reduziu esse órgão de poder ao posto de mero aplicador da lei, mediante a realização de uma operação de aferição da subsunção dos fatos aos comandos normativos expedidos pelo Legislativo - *a boca da lei.*

Diversamente do que havia sido imaginado pelos autores clássicos, a análise das relações entre os órgãos supremos revela que atualmente vivemos em um ambiente de inquestionável preeminência do Poder Judiciário, já que este órgão foi alçado à condição de protagonista no cenário jurídico e político[253].

Essa posição de destaque tem se consolidado com o enfraquecimento dos poderes do Executivo e do Legislativo.

---

253 "O sucesso da Justiça é inversamente proporcional ao descrédito que afeta as instituições políticas clássicas, em razão do desinteresse existente sobre elas e a perda do espírito público" GARAPON, Antoine. *Apud.* VIANNA, Luiz Werneck, CARVALHO, Maria Alice Rezende de; MELO, Manuel Palácios Cunha; BURGOS, Marcelo Baumann. *A judicialização da política e das relações sociais no Brasil.* Rio de Janeiro: Revan, 1999, p.25.

A hegemonia do Poder Judiciário é um fenômeno ainda não inteiramente compreendido e é causado pela interação de uma enorme gama de fatores, dentre os quais podemos destacar: a judicialização das relações sociais e da política, a descoberta da cidadania, a jurisdição constitucional, e o ativismo judicial, fenômenos cuja análise escapa aos estreitos limites deste trabalho.

De qualquer forma, é preciso adequar o papel a ser desempenhado pelo judiciário nas sociedades contemporâneas, que demandam prestações que jamais poderiam ter sido imaginadas por Locke, Montesquieu ou mesmo por aqueles que viveram duzentos anos após suas mortes. Assim, a mudança nas funções do Poder Judiciário é a consequência da interação de um enorme número de fatores, dentre os quais podem ser destacados a mudança no conceito liberal de lei e o próprio aumento da interferência do Estado no dia-a-dia das pessoas.

CONSIDERAÇÕES FINAIS

> *"A separação de poderes e o princípio da maioria são topoi retóricos, lugares-comuns estabelecidos, que provocam adesão no discurso justamente por seu caráter impreciso".*
>
> João Maurício Adeodato.

Apesar de sua incontestável importância para o direito constitucional contemporâneo, não é possível atribuir à ideia de *separação de poderes* um significado único e perfeitamente inteligível. O professor Nuno Piçarra nos ensina que a locução é multívoca e pode ser empregada para designar: a separação orgânica e funcional entre os poderes Legislativo, Executivo e Judiciário; a independência desses órgãos supremos; a impossibilidade de interferência recíproca no exercício de suas funções; o exercício de controle jurídico e político dos atos praticados por um órgão estatal por outro; ou a impossibilidade do exercício simultâneo de cargos em órgãos distintos[254].

---

[254] PIÇARRA, Nuno. *A separação dos poderes como doutrina e princípio constitucional: um contributo para o estudo das suas origens e evolução.* Coimbra: Coimbra Editora, 1989, p.12.

Para tornar as coisas ainda mais obscuras, o próprio conteúdo das teorias que tratam da separação de poderes varia enormemente no tempo e no espaço. Com isso, não é possível estabelecer uma relação de perfeita identidade entre as teorias de separação de poderes concebidas a partir do final do século XVII e os modelos de distribuição das funções estatais dentre órgãos independentes atualmente observados ao redor do Planeta.

Além do mais, é necessário considerar que a ideia de distribuição de funções estatais dentre três órgãos supremos autônomos não foi concebida a partir de uma única teoria sistematizada, uma vez que sua origem remonta a *três tradições* jurídico-políticas distintas, mas indissociáveis: a inglesa, a francesa e a norte-americana.

Dentre as três, a tradição francesa da separação de poderes tem sido considerada como a mais influente. Ela foi profundamente marcada por um conceito de lei difundido pelo pensamento iluminista – um comando normativo qualificado pela generalidade e pela abstração[255], criado por um órgão estatal composto por representantes do povo ou da nação.

É preciso acentuar que a intenção do Barão de La Brède não foi a de arquitetar um sistema de poderes tripartidos, mas a de conceber um requintado modelo de interação institucional, no qual um órgão de poder tivesse à sua disposição um conjunto de ferramentas apropriadas para limitar a ação dos

---

[255] Os atributos da generalidade e da abstração tinham o escopo de conferir estabilidade às manifestações do Poder Legislativo e a garantir a igualdade formal dentre os destinatários do poder político.

demais. Com isso, Montesquieu esperava conter os caprichos dos monarcas absolutistas, permitindo que a liberdade individual pudesse ser ampliada.

Ao longo de sua vida, Montesquieu pôde sentir na própria pele os efeitos degradantes das arbitrariedades dos monarcas absolutistas franceses, de modo que ele percebeu que a *liberdade* plena jamais poderia ser alcançada enquanto as funções estatais estivessem centralizadas em uma única pessoa ou em um *único* órgão estatal.

Apesar da conhecida influência de John Locke, as ideias de Montesquieu se destacaram de sua fonte inspiradora. Isso se deve, em grande parte, ao fato de o autor francês haver concebido que as funções estatais deveriam ser atribuídas a órgãos que, além de *supremos*, não estariam submetidos a vontades alheias.

Não obstante a inquestionável importância da contribuição francesa foi somente pelas mãos dos norte-americanos James Madison, Alexander Hamilton e John Jay que o sofisticado sistema de poderes separados concebidos por Montesquieu conseguiu se libertar do mundo abstrato das ideias para se tornar um método aplicável às relações do mundo real. Esse movimento se deu com sua introdução no corpo da primeira Constituição escrita.

Apesar de raramente pensarmos nisso, é necessário lembrar que os modelos de separação de poderes de Locke, Montesquieu e dos Federalistas foram concebidos com objetivos pragmáticos - apresentar soluções para problemas próprios das sociedades em que viviam.

Além do mais, é preciso considerar que desde o falecimento de Montesquieu já se passaram mais de três séculos, de modo que seria uma ingenuidade imaginar a possibilidade de transplantar seu modelo relações institucionais para as sociedades contemporâneas sem realizar modificações profundas.

As novas abordagens da distribuição das funções estatais dentre diversos órgãos independentes deve levar em consideração que a atuação do Estado contemporâneo não mais se resume a legislar, executar e julgar. De outra forma não poderia ser, pois ao refletirmos sobre a história recente podemos constatar que o Estado contemporâneo se converteu em um ente onipresente e onisciente, tendo aumentado suas intervenções na vida das pessoas de forma exponencial.

Por tais razões, é possível depreender que as atribuições dos Estados contemporâneos não podem mais ser classificadas como legislativas, executivas e jurisdicionais. Não é preciso muito esforço intelectual para constatar que há atividades estatais que não conseguem se adaptar aos tipos puros e que grande parte das funções tem sido exercida em um ambiente interativo.

Além disso, a aplicação do princípio da separação de poderes sob o viés do princípio democrático conduz ao inexorável entendimento no sentido de que tais atividades devem ser sempre consideradas como manifestações da vontade de representantes dos titulares do poder soberano. Essa situação nos obriga a tomar como referência a lição de Loewenstein[256], para

256 "El constitucionalismo de esta primera época se había olvidado de la sencilla verdad de que esa alma mística de la ciudad estatal, que se creía ver en la

quem as funções legislativa, executiva e jurisdicional se revelam como diferentes técnicas do *political leadership*, ou seja, técnicas de concretização da vontade do titular da soberania do Estado.

Essa nova forma de compreender a separação de poderes leva em conta a necessidade de observância do fator democrático, e não apenas institucional. Tal abordagem do fenômeno deixa evidente que a atuação dos órgãos estatais supremos deve ser vista como meramente instrumental, de forma que jamais poderá se afastar ou mesmo se divorciar da vontade popular.

'voluntad general', no actúa por si misma, sino que tiene que ser dirigida unitaria y consecuentemente por lo que hoy e llama liderazgo político (*political leadership*). [...] La experiencia política del siglo XVIII ha mostrado que todas las funciones estatales son instrumentos para el ejercicio del liderazgo político. La tarea del gobierno no está limitada, si es que alguna vez lo estuvo, a ejecutar la voluntad popular tal como está formada en las leyes emitidas por las asambleas. Es el liderazgo político el que dirige y guía la voluntad popular. La legislación y la ejecución de las leyes no son funciones separadas o separables, sino sencillamente diferentes técnicas de liderazgo político. LOEWENSTEIN, Karl. *Teoría de la constitución*. 2.ed. Barcelona: Editorial Ariel, 1979, p.61.

REFERÊNCIAS

ADEODATO, João Maurício. *Adeus à Separação de Poderes? In* NOVELINO, Marcelo (org.). *Leituras Complementares de Direito Constitucional - Teoria da Constituição*. Juspodivm: Salvador, 2009. p. 283-292.

ANDERSON, Perry. *As linhagens do Estado absolutista*. 3. ed. São Paulo: Brasiliense, 1998.

ARAÚJO, Luiz Alberto David, NUNES JR., Vidal Serrano. *Curso de direito constitucional*. 20 ed. São Paulo: Saraiva, 2016.

ARISTÓTELES. *Política*. São Paulo: Martin Claret, 2006.

BARCELLOS, Ana Paula de. *A eficácia jurídica dos princípios constitucionais: o princípio da dignidade da pessoa humana*. Rio de Janeiro, Renovar, 2011.

BARROSO, Luís Roberto. *Interpretação e aplicação da Constituição*. 4. ed. São Paulo: Saraiva, 2001.

BARROSO, Luís Roberto. *Curso de direito constitucional contemporâneo: os conceitos fundamentais e a construção do novo modelo*. 2. ed. São Paulo: Saraiva, 2011.

BASTOS, Celso Ribeiro; Martins, Ives Gandra da Silva. *Comentários à Constituição do Brasil: promulgada em 5 de outubro de 1988*. São Paulo: Saraiva, 1988.

BASTOS, Celso Ribeiro. *Curso de direito constitucional*. 22. ed. São Paulo: Saraiva, 2001.

BOBBIO, Norberto. *Estado, governo e sociedade: para uma teoria geral da política.* 12.ed. São Paulo: Paz e terra, 2005.

BOBBIO, Norberto, MATTEUCCI, Nicola, PASQUINO, Gianfranco. *Dicionário de política.* 12.ed. Brasília: Editora Universidade de Brasília, 1999.

BONAVIDES, Paulo; Andrade, Paes de. *História constitucional do Brasil.* Brasília: Paz e Terra, 1989.

BONAVIDES, Paulo. *Ciência política.* 10. ed. São Paulo: Malheiros, 1999.

BONAVIDES, Paulo. *Do Estado liberal ao Estado social.* 6. ed. São Paulo: Malheiros, 1996.

BONAVIDES, Paulo. *Teoria do Estado.* 3. ed. São Paulo: Malheiros, 1995.

BORGES, Caio de Souza. *Repensando a separação de poderes: do liberalismo do século XVIII à jurisdição constitucional contemporânea.* Disponível em: <http://www.publicadireito.com.br/artigos/?cod=e61eaa38aed621dd>. Acesso em: maio de 2019.

BRANCO, Paulo Gustavo Gonet. *Juízo de ponderação na jurisdição constitucional.* São Paulo: Saraiva, 2012.

BULOS, Uadi Lammêgo. *Curso de direito constitucional.* 4. ed. São Paulo: Saraiva, 2009.

BURGO, Vitor. *O controle dos atos administrativos pelo poder judiciário. In* GRINOVER, Ada Pelegrini; WATANABE, Kazuo (Orgs.). *O controle jurisdicional de políticas públicas.* Rio de Janeiro: Forense, 2011.

CANOTILHO, José Joaquim Gomes. *Direito constitucional.* 6. ed. Coimbra: Almedina, 1993.

CARRAZZA, Roque Antônio. *Curso de direito constitucional tributário.* 31. ed. São Paulo: Malheiros, 2017.

CHALITA, Gabriel. *O poder*. São Paulo: Revista dos Tribunais, 2005.

CHÂTELET, François; DUHAMEL, Olivier; PSIER-KOUCHNER, Evelyne. *História das ideias políticas*. Rio de Janeiro: Jorge Zahar, 2000.

CLÈVE, Clèmerson Merlin. *Atividade legislativa do Poder Executivo no Estado contemporâneo e na Constituição de 1988*. São Paulo: RT, 1993.

COELHO, Fábio Ulhoa. *Direito e poder*. São Paulo: Saraiva, 2005.

DALLARI, Dalmo de Abreu. *Elementos de teoria geral do Estado*. 28. ed. São Paulo: saraiva, 2009.

DANTAS, Ivo. *Teoria do Estado contemporâneo*. 2. ed. São Paulo: Revista dos Tribunais, 2013.

DIAS, Reinaldo. *Ciência Política*. 2. ed. São Paulo: Atlas, 2013.

DOEHRING, Karl. *Teoria do Estado*. Belo Horizonte: Del Rey, 2008.

FERNANDES, Bernardo Gonçalves. *Curso de direito constitucional*. 3. ed. Rio de Janeiro: Lumen Juris, 2011.

FERRAZ JR., Tércio Sampaio. *Estudos de filosofia do direito*. 3. ed. São Paulo: Saraiva, 2009.

FERRAZ, Anna Cândida da Cunha. *Conflito entre poderes: o poder congressual de sustar atos normativos do poder executivo*. São Paulo: Revista dos Tribunais, 1994.

FERREIRA FILHO, Manoel Gonçalves. *Curso de direito constitucional*. 40 ed. São Paulo: Saraiva, 2015.

FRIEDE, Reis. *Curso analítico de direito constitucional e teoria do Estado*. 4. ed. Rio de Janeiro: Forense, 2005.

FRIEDE, Reis. *Curso de ciência política e teoria geral do Estado: teoria constitucional e relações internacionais*. 3. ed. Rio de janeiro: Forense Universitária, 2006.

GIDDENS, Anthony. *Sociologia*. 6.Ed. Porto Alegre: Penso, 2012.

GIQUEL, Jean. *Droit constitutionnel et institutions politiques*. Paris: Montchrestien, 2009.

GRILLO, Vera de Araújo. *A separação de poderes no Brasil: legislativo x executivo: uma análise a partir dos discursos dos Congressistas sobre assuntos de política externa de 1975 a 1985*. Itajaí: Univali, 2000.

GRINOVER, Ada Pellegrini. *O controle judicial das políticas públicas*. *In* GRINOVER, Ada Pelegrini; WATANABE, Kazuo (Orgs.). *O controle jurisdicional de políticas públicas*. Rio de Janeiro: Forense, 2011.

GROHMANN, Luís Gustavo Mello. *A separação de poderes em países presidencialistas: a América Latina em perspectiva comparada*. *Revista de Sociologia Política*. Curitiba, 17, p. 75-106, nov. 2001.

GUASTINI, Riccardo. *Estúdios de teoría constitucional*. 4.ed. Ciudad de Mexico, 2013.

HAMILTON, Alexander, MADISON, James, JAY, John. *O Federalista*. São Paulo: Russell, 2003.

HAMON, Francis; TROPER, Michel; BOURDEAU, Georges. *Droit constitutionnel*. 27. ed. Librairie Générale de Droit et de Jurisprudence, 2001.

HESSE, Konrad. *Elementos de direito constitucional da República Federal da Alemanha*. Porto Alegre: Fabris, 1998.

HOBSBAWM, Eric. *A Era das Revoluções*. 15. ed. Rio de Janeiro: Paz e Terra, 1977.

JUSTEN FILHO, Marçal. *Curso de direito administrativo*. São Paulo: Saraiva, 2005.

KADRI, Omar Francisco do Seixo. *A força normativa do princípio do Estado de Direito democrático frente ao acúmulo da função legislativa pelo poder executivo*. *In* FILHO, Agassis de Almeida; CRUZ, Danielle da Rocha (org.). *Estado de direito e direitos fundamentais: homenagem ao jurista Mário Moacyr Porto*. Rio de Janeiro, Forense, 2005.

KELSEN, Hans. *Teoria geral do direito e do Estado*. 3. ed. São Paulo: Martins Fontes, 1998.

LAMOUNIER. *Da independência a Lula: dois séculos de política brasileira*. São Paulo: Augurium, 2005.

LIMONGI, Fernando Papaterra. *O Federalista: remédios republicanos para males republicanos. In* WEFFORT, Francisco C. (org.). *Os Clássicos da Política*. São Paulo, Editora Ática, 2004, vol. 1.

LOCKE, John. *Segundo tratado sobre o governo civil*. São Paulo: Abril Cultural, 1973.

LOEWENSTEIN, Karl. *Teoría de la constitución*. 2.ed. Barcelona: Editorial Ariel, 1979.

MELLO, Celso Antônio Bandeira de. *Discricionariedade e controle jurisdicional*. 2. ed. São Paulo: Malheiros, 1996.

MELLO, Celso Antônio Bandeira de. *Curso de direito administrativo*. 13.ed. São Paulo: Malheiros, 2001.

MELO, Manuel Palacios Cunha; VIANNA, Luiz Werneck; CARVALHO, Maria Alice Rezende de. *A judicialização da política e das relações sociais no Brasil*. Rio de Janeiro: Revan, 1999.

MENDES, Gilmar Ferreira; COELHO, Inocêncio Mártires; BRANCO, Paulo Gustavo. *Curso de direito constitucional*. São Paulo: Saraiva: 2007.

MENEZES, Anderson de. *Teoria geral do Estado*. Rio de janeiro: Forense, 1995.

MIRANDA, Jorge. *Teoria do Estado e da Constituição*. Rio de Janeiro: Forense, 2007.

MONTESQUIEU, Charles de Secondat, Baron de. *O espírito das leis*. São Paulo: Saraiva, 1994.

MORAES, Alexandre de. *Direito constitucional.* 21. ed. São Paulo: Atlas, 2009.

NEMO, Philippe. *O que é o ocidente?* São Paulo: Martins Fontes, 2005.

PIÇARRA, Nuno. *A separação dos poderes como doutrina e princípio constitucional: um contributo para o estudo das suas origens e evolução.* Coimbra: Coimbra Editora, 1989.

ROUSSEAU, Jean Jacques. *O contrato social.* 3. ed. São Paulo: Martins Fontes, 1996.

SAMPAIO JÚNIOR, José Herval. *Peculiaridades da atividade jurisdicional contemporânea e o princípio da separação dos poderes. In* TAVARES, André Ramos; LEITE, George Salomão; SARLET, Ingo Wolfgand (Coords.). *Estado constitucional e organização do poder.* São Paulo: Saraiva, 2010.

SCHMITT, Carl. *Teoría de la Constitución.* Madrid. Alianza Editorial, 1996.

SILVA, Fernando Quadros da. *Agências reguladoras: um modelo em constante aperfeiçoamento. In* FREITAS, Cladimir Passos de; SILVA, Fernando Quadros da. (Orgs.). *Agências reguladoras no direito brasileiro.* São Paulo: Revista dos Tribunais, 2014.

SILVA, José Afonso da. *Curso de direito constitucional positivo.* 22. ed. São Paulo: Malheiros, 2003.

SILVA, José Afonso da. *Comentário contextual à Constituição.* 6.ed. São Paulo: Malheiros, 2009.

SOARES, Mário Lúcio Quintão. *Teoria do Estado: o substrato clássico e os novos paradigmas como pré-compreensão para o direito constitucional.* Belo Horizonte: Del Rey, 2001.

SOUZA JÚNIOR, Cezar Saldanha. *Consenso e tipos de Estado no ocidente.* São Paulo: Sagra Luzzatto, 2002.

STRECK, Lênio Luiz; MORAIS, José Luiz Bolzan de. *Ciência política e teoria do Estado*. 5. ed. Porto Alegre: Livraria do Advogado, 2006.

STUCHI, Carolina Gabas. *Regulação e desregulação diante dos princípios da Administração Pública. In* DI PIETRO, Maria Sylvia Zanella (org.). *Direito regulatório.* Belo Horizonte: Fórum, 2009.

TAVARES, André Ramos. *Curso de direito constitucional.* 2. ed. São Paulo: Saraiva, 2003.

THEODORO JÚNIOR, Humberto. *Curso de direito processual civil: v.I.* 47.ed. Rio de Janeiro: Forense, 2016.

TRIBE, Laurence H. *American constitutional law.* New York: Foundation Press, 2000.

VIANNA, Luiz Werneck; CARVALHO, Maria Alice Rezende de; MELO, Manuel Palácios Cunha; BURGOS, Marcelo Baumann. *A judicialização da política e das relações sociais no Brasil.* Rio de Janeiro: Revan, 1999.

WEBER, Max. *Economia e sociedade*, V.1. Brasília: UnB, 2015.

WOLKMER, Antônio Carlos. *Ideologia, Estado e direito.* 3.ed. São Paulo: Revista dos Tribunais, 2000.

ZANCANER, Gabriela. *As competências do poder Legislativo e as comissões parlamentares.* São Paulo: Malheiros, 2009.

ZANETI JR., Hermes. *A teoria da separação de poderes e o Estado democrático constitucional: funções de governo e funções de garantia. In* GRINOVER, Ada Pelegrini; WATANABE, Kazuo (Orgs.). *O controle jurisdicional de políticas públicas.* Rio de Janeiro: Forense, 2011.

ZIMMERMANN, Augusto. *Curso de direito constitucional.* 3.ed. Rio de Janeiro: Lumen Juris, 2004.

ZIPPELIUS, Reinhold. *Teoria Geral do Estado.* São Paulo: Saraiva, 2016.